테마별 실무서 17

중소기업회계기준

◈ 한국세무사회

발간사

　세무사는 공공성있는 세무전문가로 납세자권익 보호와 성실한 납세의무 이행에 이바지하는 사명이 있습니다. 이 때문에 세무사는 모름지기 높은 전문성과 책임성을 갖춰야 하고 이를 위한 연구와 교육은 아무리 강조해도 지나치지 않습니다.

　한국세무사회는 그동안 많은 세법책과 실무서를 발간하면서 회원의 전문성과 책임성을 함양하기 위해 노력해왔습니다. 하지만 회원보다는 관성적인 출판에 그치고 저자 편의가 앞서 사업현장의 회원님을 만족시키는데 부족함이 참 많았습니다.

　제33, 34대 한국세무사회는 도서출판까지 혁신하여 사업현장의 회원들의 직무 요령, 리스크 관리 및 컨설팅기법 등을 망라해 회원들이 책상머리에 두고 무시로 회원을 돕는 '실사구시 지침서'를 어떻게 마련할지 고민해왔습니다.

　그 결과 세목별 기본서, 신고실무도 회원친화적으로 형식과 콘텐츠도 바꾸고 회원님이 전문적인 핵심직무를 수행할 때 유용한 길잡이가 될 '테마별 실무서 시리즈'를 새롭게 내게 되었습니다.

　'한국세무사회 테마별 실무서'는 사업현장에서 부딪히는 핵심주제 50개를 추출하고 각 테마마다 최고의 전문가가 참여하여 관계법령, 예규 및 판례의 나열 아닌 직무요령과 리스크 관리, 컨설팅 기법 등 권위있는 전문 집필자의 노하우까지 담아냈습니다.

　조세출판사에 큰 획을 그을 책이 될 '한국세무사회 테마별 실무서 시리즈'가 앞으로 개정과 증보를 거듭하면서 사업현장의 회원님을 최고의 조세전문가로 완성시키는 기념비적인 책이 되리라 믿어 의심치 않습니다.

　어려운 여건에도 남다른 열정과 전문성으로 '한국세무사회 테마별 실무서'가 탄생하는데 함께해주시는 집필진 세무사님과 한국세무사회 도서출판위원회 위원님께 고마움을 전합니다.

2025년 9월

한국세무사회 회 장 구재이

CONTENTS

중소기업회계기준

제1장 · 기업회계기준의 체계 등 ································· 21
  Ⅰ. 기업회계기준 등의 범위 ································· 21
    1. 영리법인 등의 기업회계기준 ································· 21
    2. 공익법인 및 비영리조직 회계기준 ································· 22
  Ⅱ. 기업회계기준의 제정기관과 외부감사대상법인 ················· 22
    1. 기업회계기준 제정 근거에 관한 법률의 확인 ············· 22
      가. 상법과 상법 시행령에서의 기업회계기준의 범위 ····· 22
      나. 「주식회사 등의 외부감사에 관한 법률」 제5조에
         제1항의 회계처리기준 ································· 23
      다. 공기업·준정부기관의 회계 원칙 ································· 23
      라. 중소기업회계기준 ································· 24
    2. 국제회계기준 적용대상 기업의 범위 ································· 24
      가. 한국채택국제회계기준(K-IFRS)의 적용[외감법 시행령
         제6조] ································· 24
      나. 회계처리기준에 관한 업무위탁 등[외감법 시행령
         제7조] ································· 25
    3. 외부감사대상법인의 범위 ································· 25
      가. 외부감사대상법인의 범위 ································· 25
      나. 외부감사대상법인에서 제외할 수 있는 회사 ··········· 27
  Ⅲ. 중소기업회계기준의 목적 등 ································· 28
    1. 중소기업회계기준의 목적 ································· 28
    2. 적용대상 기업 ································· 29
      가. 상법 시행령 제15조의 내용 확인 ································· 29
      나. 중소기업회계기준 적용 대상기업 ································· 29

3. 적용대상 중소기업의 재무보고기준 제시 ····················· 30
　　　4. 중소기업회계기준의 회계정책 선택 ····························· 30
　Ⅳ. 재무제표 등 ·· 30
　　　1. 재무제표의 종류 ·· 31
　　　　가. 중소기업회계기준의 재무제표 ···································· 31
　　　　나. 법인세 과세표준 신고시 제출해야 하는 재무제표 ·· 31
　　　2. 재무제표의 표시방법 ·· 32
　　　3. 재무제표의 작성 근거를 기재 ·· 32
　Ⅴ. 통합과 구분표시 ·· 32
　　　1.「항목의 통합 및 구분표시」의 의미 ······························· 32
　　　2. 적용 례 ··· 33

>>> 제2장 · 대차대조표(재무상태표) ··· 35
　Ⅰ. 대차대조표(재무상태표) 작성기준 ····································· 36
　　　1. 대차대조표의 정의와 작성기준일 ·································· 36
　　　　가. 대차대조표의 정의 ·· 36
　　　　나. 대차대조표의 작성기준일 ·· 36
　　　2. 대차대조표 구성요소의 정의 ·· 37
　　　　가. 자산의 정의 ·· 37
　　　　나. 부채의 정의 ·· 37
　　　　다. 자본의 정의 ·· 38
　　　3. 자산과 부채의 인식기준 ·· 38
　　　　가. 자산의 인식기준 ·· 38
　　　　나. 부채의 인식기준 ·· 39

CONTENTS

    4. 자산과 부채의 구분표시 기준 ·················· 39
       가. 자산의 구분표시 ························· 39
       나. 부채의 구분표시 ························· 39
       다. 자본의 구분표시 ························· 40
    5. 유동성배열법의 적용 ························· 40
    6. 자산·부채의 총액주의 표시 ····················· 40
    7. 가지급금·가수금을 적절한 계정과목으로 표시 ············ 40
       가. 업무관련 가지급금·가수금의 회계처리 ············ 40
       나. 특수관계자에 대한 가지급금·가수금의 처리 ········· 41
Ⅱ. 유동자산의 분류 등 ···························· 41
    1. 유동자산의 분류 ··························· 41
    2. 당좌자산의 세부적 계정과목 예시 ················· 41
       가. 현금 및 현금성자산 ······················ 41
       나. 단기투자자산 ·························· 42
       다. 매출채권 ···························· 42
       라. 선급급 ····························· 42
       마. 선급비용 ···························· 42
       바. 미수금 ····························· 42
       사. 미수수익 ···························· 43
    3. 대손충당금의 표시 ························· 43
Ⅲ. 매출채권 양도에 대한 회계처리 ····················· 43
    1. 매출채권 양도를 매각거래로 회계처리 ··············· 43
    2. 매출채권 양도를 매각거래로 보는 경우의 회계처리 예시 ·· 44
    3. 매출채권양도를 매각거래로 회계처리한 사례 ··········· 44
Ⅳ. 재고자산 ································· 44
    1. 재고자산의 정의 ··························· 44
    2. 재고자산의 계정과목의 예시 ···················· 45
    3. 재고평가손실 발생시 재고자산평가충당금의 표시 ········ 45

CONTENTS

- V. 투자자산 ·· 45
  - 1. 투자자산의 정의 ·· 46
  - 2. 투자자산의 계정과목의 예시 ·· 46
- VI. 유형자산 ·· 46
  - 1. 유형자산의 정의 ·· 46
    - 가. 영업활동에 사용할 것 ·· 47
    - 나. 물리적 실체가 있을 것 ·· 47
    - 다. 내구적인 사용이 가능할 것 ·· 47
  - 2. 유형자산의 계정과목의 예시 ·· 47
  - 3. 유형자산의 감가상각누계액 및 손상차손누계액의 표시 ·· 47
  - 4. 유형자산의 폐기처분과 유형자산처분손익의 처리 ············ 48
- VII. 무형자산 ·· 48
  - 1. 무형자산의 정의 ·· 48
    - 가. 영업활동에 사용할 것 ·· 49
    - 나. 물리적 형체가 없을 것 ·· 49
    - 다. 비화폐성 자산일 것 ·· 49
  - 2. 무형자산의 계정과목의 예시 ·· 49
  - 3. 무형자산의 상각누계액 및 손상차손누계액의 표시 ········ 49
  - 4. 무형자산의 폐기처분과 무형자산처분손익의 처리 ············ 50
- VIII. 기타비유동자산 ·· 50
  - 1. 기타비유동자산의 범위 ·· 50
  - 2. 기타비유동자산 계정과목의 예시 ·· 50
- IX. 유동부채 ·· 51
  - 1. 유동부채의 정의 ·· 51
  - 2. 유동부채 계정과목의 예시 ·· 51
    - 가. 단기차입금 ·· 52
    - 나. 매입채무 ·· 52
    - 다. 미지급법인세 ·· 52

CONTENTS

    라. 미지급금 ···································· 52
    마. 미지급비용 ································· 53
    바. 선수금 ······································ 53
    사. 선수수익 ··································· 54
    아. 예수금 ······································ 54
    자. 유동성장기부채 ·························· 54
X. 비유동부채 ·· 55
  1. 비유동부채의 범위 ·························· 55
  2. 비유동부채 계정과목의 예시 ············ 55
XI. 매입채무 등의 제거 ·························· 56
  1. 매입채무 등 부채의 제거 ················· 56
  2. 채무상환 등의 경우에 발생하는 차액의 당기손익 인식 ··· 56
XII. 종업원 급여 ···································· 56
  1. 종업원 급여에 대한 미지급비용 인식 ············ 57
  2. 일시퇴직기준 퇴직급여추계액 ·········· 57
    가. 퇴직급여지급규정이 구비되어 있는 경우 ············ 58
    나. 퇴직급여지급규정이 구비되어 있지 않는 경우 ······· 58
  3. 평균임금과 통상임금 ······················· 58
    가. 평균임금 ··································· 58
    나. 통상임금 ··································· 59
  4. 근로자퇴직급여 보장법상의 퇴직급여제도의 확인 ········· 59
    가. 퇴직급여제도 개념정의 ················ 59
    나. 근로자퇴직급여 보장법상 퇴직급여제도의 설정 ······ 60
  5. 확정급여형 퇴직연금제도와 확정기여형 퇴직연금제도의
     비교 ··· 60
    가. 퇴직연금제도의 비교 ··················· 60
    나. 확정급여형 퇴직연금제도에서의 급여지급능력의 확보 ·· 61

CONTENTS

  다. 확정급여형 퇴직연금제도에서 최소적립금액 수준 … 61
  라. 확정기여형 퇴직연금제도에서 회사의 부담금 수준 … 62
 6. 확정급여형 퇴직연금제도에서의 회계처리 ………………… 62
  가. 일시퇴직기준 퇴직급여충당부채의 인식 ……………… 62
  나. 외부적립금액의 퇴직연금운용자산 회계처리 ………… 62
 7. 확정기여형 퇴직연금제도에서의 회계처리 ………………… 63
XIII. 그 밖의 충당부채 ………………………………………………… 63
 1. 충당부채의 인식조건 …………………………………………… 64
  가. 부채의 정의 ……………………………………………… 64
  나. 부채의 인식조건 ………………………………………… 64
 2. 충당부채 인식금액의 측정 …………………………………… 64
 3. 충당부채의 환입시 회계처리 ………………………………… 64
XIV. 자본금 ……………………………………………………………… 65
 1. 액면주식 발행시의 자본금 …………………………………… 65
 2. 무액면주식 발행시의 자본금 ………………………………… 65
 3. 액면주식과 무액면주식간의 전환불가 ……………………… 65
XV. 자본잉여금 ………………………………………………………… 66
 1. 자본잉여금의 정의 …………………………………………… 66
 2. 자본잉여금 계정과목의 예시 ………………………………… 66
XVI. 자본조정 …………………………………………………………… 67
 1. 자본조정의 정의 ……………………………………………… 67
 2. 자본조정 계정과목의 예시 …………………………………… 67
XVII. 이익잉여금 또는 결손금 ………………………………………… 68
 1. 이익잉여금(또는 결손금)의 정의 ……………………………… 68
 2. 이익잉여금 관련된 회계처리의 예시 ………………………… 68
  가. 다른 자본항목에서 이입되는 경우 …………………… 68
  나. 주주에 대한 현금배당금 지급을 결정하고, 배당금을
    지급하는 경우 ……………………………………………… 69

CONTENTS

　　다. 주주에 대한 주식배당금 지급을 결정하고, 주식배당을
　　　　지급하는 경우 ··· 69
　　라. 이익준비금 또는 자본준비금을 자본금으로 전입하는
　　　　경우 ··· 69
　　마. 이익잉여금이 자본조정 항목의 상각 등으로 처리된
　　　　경우 ··· 70
　　바. 주주의 주식을 자기주식으로 취득하여 이익소각을
　　　　실시한 경우 ··· 70

▶▶▶ 제3장 · 손익계산서 ·· 71

Ⅰ. 손익계산서 정의와 작성기준 ·· 72
　1. 손익계산서의 정의와 보고기간 ··································· 72
　　가. 손익계산서의 정의 ·· 72
　　나. 수익비용 대응주의 적용 ·· 72
　　다. 손익계산서 보고기간(회계연도) ······························ 72
　2. 손익계산서의 작성기준 ··· 73
　　가. 발생주의 회계 적용 ··· 73
　　나. 수익비용의 발생원천별 분류와 수익비용대응주의
　　　　적용 ··· 73
　　다. 수익·비용의 총액주의 표시 ··································· 73
　　라. 손익계산서의 수익·비용 구분표시 ························· 73

Ⅱ. 수익의 인식시점 ··· 74
　1. 수익인식 시점의 의미 ·· 75
　2. 재화의 판매 및 용역제공에 대한 수익인식시점 ·········· 75
　　가. 발생주의 및 권리 확정의 개념 적용 ····················· 75
　　나. 장기할부매출인 경우에 회수기일 도래기준 가능 ···· 75
　3. 용역제공 및 건설형 공사계약의 경우: 진행기준 적용 ·· 76

CONTENTS

  4. 이자수익과 배당금 수익의 수익인식시점 ·············· 76
   가. 이자수익의 수익인식 ································ 76
   나. 배당금 수익인식: [권리확정 기준] ················ 76
   다. 이자수익 및 배당금 수익에 대한 현금주의 적용가능 ·· 76
Ⅲ. 수익의 측정과 매출액 ·· 77
  1. 수익의 측정기준 ·· 77
  2. 매출에누리, 매출환입, 매출할인 등에 대한 처리 ········ 77
Ⅳ. 매출원가와 매출총손익 ·· 78
  1. 매출원가: [수익비용의 직접 대응] ······················ 78
  2. 재고자산의 평가 ·· 78
   가. 재고자산 평가손실의 처리 ························ 78
   나. 재고자산 평가충당금의 환입 ······················ 79
  3. 재고자산의 수량차이 발생 ······························ 79
   가. 정상적인 재고감모: [매출원가로 처리] ············ 79
   나. 비정상적인 재고감모: [영업외비용으로 처리] ·········· 79
  4. 매출총손익의 표시 ·· 80
Ⅴ. 판매비와 관리비 및 영업이익 ·································· 80
  1. 판매비와 관리비의 범위 ·································· 80
  2. 판매비와 관리비 계정과목의 예시 ······················ 81
  3. 퇴직급여충당부채환입액과 대손충당금 환입액의 처리 ·· 81
  4. 연구단계와 개발단계에서 발생한 지출의 처리 ············ 81
   가. 연구단계와 개발단계에서 발생한 지출의 원칙적인 처리
    ··· 81
   나. 개발단계에서 발생한 지출을 개발비로서 무형자산으로
    인식할 수 있는 요건 ································ 81
  5. 영업이익 또는 영업손실의 구분표시 ······················ 82

CONTENTS

- Ⅵ. 영업외수익 ··· 82
  - 1. 영업외수익의 정의 ·· 82
  - 2. 영업외수익 계정과목의 예시 ···························· 82
    - 가. 이자수익 ··· 83
    - 나. 배당금 수익 ··· 83
    - 다. 임대료 ·· 83
    - 라. 단기투자자산 처분이익 ·························· 83
    - 마. 단기투자자산 평가이익 ·························· 84
    - 바. 외환차익 ··· 84
    - 사. 외환환산이익 ······································· 84
    - 아. 장기투자증권 손상차손환입 ···················· 84
    - 자. 유형자산 처분이익 ································ 84
    - 차. 사채상환이익 ······································· 85
    - 카. 전기오류수정이익 ································· 85
- Ⅶ. 영업외비용 ··· 85
  - 1. 영업외비용의 정의 ·· 85
  - 2. 영업외비용 계정과목의 예시 ···························· 86
    - 가. 이자비용 ··· 86
    - 나. 기타 대손상각비 ··································· 86
    - 다. 단기투자자산 처분손실 ·························· 86
    - 라. 단기투자자산 평가손실 ·························· 86
    - 마. 재고자산 감모손실 ································ 86
    - 바. 외환차손 ··· 87
    - 사. 외환환산손실 ······································· 87
    - 아. 기부금 ·· 87
    - 자. 장기투자증권 손상차손 ·························· 87
    - 차. 유형자산 처분손실 ································ 87

카. 사채상환손실 ……………………………………… 88
타. 전기오류수정손실 …………………………………… 88
Ⅷ. 법인세비용 차감전 순손익과 당기순손익 ………………… 88
1. 법인세비용차감전순손익의 계산 ……………………… 88
2. 법인세비용의 범위 …………………………………… 89
가. 법인세비용의 범위 ………………………………… 89
나. 법인세 추납액과 환급액의 처리 …………………… 89
3. 당기순손익의 계산 …………………………………… 89

》》》 제4장 ● 자산·부채의 평가 ……………………………… 91

Ⅰ. 자산의 평가기준 ……………………………………… 92
1. 자산의 일반적인 취득원가 …………………………… 92
2. 교환, 현물출자, 증여 등으로 취득하는 자산의
취득원가 ……………………………………………… 92
가. 공정가치의 적용 …………………………………… 92
나. 동종자산의 교환시 처리 …………………………… 92
3. 손상차손의 인식 ……………………………………… 92
4. 손상차손의 환입 ……………………………………… 93
Ⅱ. 재고자산의 평가 ……………………………………… 94
1. 재고자산의 취득원가 ………………………………… 94
가. 재고자산의 취득원가에 포함되는 원가의 범위 …… 94
나. 매입환출, 매입에누리, 매입할인의 처리 …………… 95
2. 금융비용의 자본화 …………………………………… 95
가. 금융비용 자본화에 대한 중소기업회계기준 규정 …… 95
나. 법인세법 제28조의 규정 …………………………… 95
3. 재고자산의 하락한 순실현가능가치 장부반영 ………… 96
가. 순실현가능가치를 장부금액으로 처리 ……………… 96

CONTENTS

  나. 재고자산평가손실의 회계처리 ·················· 96
  다. 재고감모의 회계처리 ·························· 96
 4. 재고자산의 단위원가 결정 ······················· 96
Ⅲ. 유형자산과 무형자산의 평가 ························· 97
 1. 유형자산과 무형자산의 취득원가 ················ 98
 2. 금융비용의 자본화 ····························· 98
  가. 금융비용 자본화에 대한 중소기업회계기준 규정 ···· 98
  나. 법인세법 제28조[건설자금이자]의 규정의 준용 ······ 98
 3. 법인세법상의 금융비용 자본화 규정의 내용 ········ 99
  가. 특정차입금 이자의 범위와 자본화 규정 ·········· 99
  나. 일반차입금 이자의 자본화 금액 계산범위 ········· 99
 4. 자본적 지출과 수익적 지출의 구분 ················ 100
 5. 최초 인식 후의 유형자산과 무형자산의 장부금액 ······ 100
 6. 유형자산과 무형자산의 원가배분(감가상각) ··········· 101
  가. 감가상각 및 상각의 의미 ······················ 101
  나. 유형자산과 무형자산의 잔존가치 ················ 101
  다. 유형자산과 무형자산의 내용연수 ················ 102
  라. 내용연수, 잔존가치를 법인세법에 따라 결정 가능 ·· 102
  마. 감가상각방법의 선택 ·························· 102
 7. 감가상각 관련 회계변경 효과의 반영 ·············· 102
Ⅳ. 유가증권의 평가 ································· 103
 1. 유가증권의 취득원가 ··························· 103
 2. 유가증권의 평가 ······························· 104
  가. 시장가격이 있는 유가증권의 평가 ··············· 104
  나. 시장가격이 없는 지분증권의 평가 ··············· 104
  다. 시장가격이 없는 채무증권의 평가 ··············· 104
 3. 유가증권의 손상차손 인식 ······················· 105

가. 시장가격이 없는 유가증권의 손상차손인식 ·········· 105
　　　나. 유가증권의 손상차손 환입 ································ 105
Ⅴ. 매출채권 등의 평가 ·· 105
　　1. 매출채권 등에 대한 현재가치 평가 ······················ 106
　　　가. 현재가치 평가를 하지 않는 경우 ······················ 106
　　　나. 현재가치 평가를 하는 경우 ······························ 106
　　2. 매출채권 등에 대한 대손충당금 설정과 관리 ············ 107
　　　가. 대손충당금의 설정 ·· 107
　　　나. 대손발생시의 처리 ·· 107
　　　다. 대손상각비의 비용 구분 ······································ 107
Ⅵ. 매입채무의 평가 ·· 107
　　1. 매입채무 등의 최초 측정 기준 ······························ 108
　　2. 매입채무 등에 대한 현재가치 평가여부 ·················· 108
　　　가. 현재가치 평가를 하지 않는 경우 ······················ 108
　　　나. 현재가치 평가를 하는 경우 ······························ 108
Ⅶ. 외화거래 ·· 109
　　1. 외환거래의 처리 ·· 110
　　2. 외화환산의 회계처리 ·· 110
　　　가. 화폐성항목과 비화폐성항목의 구분처리 ············ 110
　　　나. 외화환산손익과 외환차손익의 인식 ···················· 110

>>>> 제5장　회계정책·회계추정의 변경과 오류수정 ·············· 111
　Ⅰ. 회계정책 및 회계추정의 변경 ································ 111
　　1. 회계정책이나 회계추정의 적용 ······························ 112
　　2. 회계정책 변경 ·· 112
　　　가. 회계정책변경의 의의 ·· 112
　　　나. 회계정책변경의 정당성 ······································ 112

CONTENTS

  3. 회계추정의 변경 ·· 112
  4. 회계정책 변경과 회계추정 변경의 효과를 반영하는
   방식 ··· 112
 Ⅱ. 오류수정 ··· 113
  1. 오류수정의 의의 ·· 113
  2. 오류수정에 대한 회계처리 ···································· 113

≫≫ 제6장 · 자본거래 ·· 115

 Ⅰ. 주식의 발행 ·· 115
  1. 주식발행의 회계처리 ·· 116
   가. 주식발행초과금의 인식 ··································· 116
   나. 주식할인발행차금의 인식 ································ 116
  2. 주식할인발행차금의 관리 ······································ 116
  3. 무상증자시의 회계처리 ··· 116
 Ⅱ. 자기주식의 취득과 처분 ·· 117
  1. 자기주식 취득시의 회계처리 ································· 117
  2. 자기주식 처분시의 회계처리 ································· 117
   가. 자기주식처분이익의 인식 ································ 118
   나. 자기주식처분손실의 인식 ································ 118
  3. 자기주식처분손실의 관리 ······································ 118
 Ⅲ. 주식의 소각 ·· 120
  1. 자기주식 소각시의 회계처리 ································· 120
   가. 감자차익의 인식 ·· 120
   나. 감자차손의 인식 ·· 121
  2. 감자차손의 관리 ·· 121
  3. 이익에 의한 주식소각 ·· 121
   가. 이익에 의한 주식소각 관련 상법규정 ··············· 121

나. 이익에 의한 주식소각시 회계처리 ·············· 121
　　4. 무상감자시의 회계처리: [감자차익 인식] ·············· 122
Ⅳ. 배당 ·············· 122
　　1. 현금배당시의 회계처리 ·············· 122
　　2. 주식배당시의 회계처리 ·············· 123

≫≫≫ 제7장 • 특수거래 ·············· 125

Ⅰ. 리스거래 ·············· 125
　　1. 리스거래의 의미 ·············· 126
　　2. 금융리스와 운용리스의 구분기준 ·············· 126
　　3. 운용리스 이용자의 회계처리 ·············· 126
　　4. 금융리스 이용자의 회계처리 ·············· 126
　　5. 금융리스 회계처리 사례 ·············· 127
　　　가. [금융리스사례]: 리스기간 종료 후 소유권 이전하지
　　　　 않는 경우 ·············· 127
　　　나. [금융리스사례]: 리스기간 종료 후 소유권을
　　　　 이전하는 경우 ·············· 131
　　6. 운용리스 회계처리 사례 ·············· 134
Ⅱ. 정부보조금과 공사부담금 ·············· 137
　　1. 정부보조금의 인식기준 ·············· 138
　　2. 자산관련 보조금의 회계처리 ·············· 138
　　　가. 관련 자산을 취득하기 전 ·············· 138
　　　나. 관련 자산을 취득한 후 ·············· 138
　　3. 수익관련 보조금의 회계처리 ·············· 138
　　　가. 특정조건을 충족해야 하는 경우 ·············· 138
　　　나. 특정비용을 보전할 목적으로 지급된 경우 ·············· 139
　　　다. 정부보조금에 대응하는 비용이 없는 경우 ·············· 139

CONTENTS

   4. 공사부담금의 회계처리 ……………………………………… 139
  Ⅲ. 사업결합 ……………………………………………………………… 140
   1. 사업결합 회계처리의 원칙 ……………………………………… 141
   2. 영업권의 인식 …………………………………………………… 141
   3. 염가매수차익의 인식 …………………………………………… 141

>>>> **제8장 · 자본변동표** …………………………………………………… 143
  1. 자본변동표의 정의 ………………………………………………… 143
  2. 자본변동표의 구성항목 …………………………………………… 144
   가. 자본금의 변동 ……………………………………………… 144
   나. 자본잉여금의 변동 ………………………………………… 144
   다. 자본조정의 변동 …………………………………………… 144
   라. 이익잉여금의 변동 ………………………………………… 144

>>>> **제9장 · 이익잉여금처분계산서 및 결손금처리계산서** …………… 145
  Ⅰ. 이익잉여금처분계산서 ………………………………………………… 145
   1. 이익잉여금처분계산서의 정의 ………………………………… 146
   2. 이익잉여금처분계산서의 항목 ………………………………… 146
    가. 미처분이익잉여금 ………………………………………… 146
    나. 임의적립금 등의 이입액 ………………………………… 146
    다. 이익잉여금처분액 ………………………………………… 146
    라. 차기이월이익잉여금 ……………………………………… 147
  Ⅱ. 결손금처리계산서 …………………………………………………… 147
   1. 결손금처리계산서의 정의 ……………………………………… 147
   2. 결손금처리계산서 항목 ………………………………………… 147
    가. 미처리결손금 ……………………………………………… 148
    나. 결손금처리액 ……………………………………………… 148

다. 차기이월결손금 …………………………………… 148

제10장 주석과 부칙 …………………………………… 149
Ⅰ. 주석 …………………………………………………… 149
1. 주석의 정의 ………………………………………… 150
2. 주석 기재 사항 ……………………………………… 150
Ⅱ. 부칙 …………………………………………………… 151
1. 시행일 ……………………………………………… 152
2. 최초 적용에 관한 경과조치 ……………………… 152
가. 종전의 재무제표 인정 ………………………… 152
나. 종전 재무제표의 기타포괄손익누계액의 처리 ……… 152
다. 주석사항 기재 ………………………………… 153

부록 ……………………………………………………… 155

제1장 기업회계기준의 체계 등

 2013년 2월 1일 법무부고시로 중소기업회계기준이 제정되었다. 2014년 1월 1일부터 시행되지만, 2013년 1월 1일부터 적용할 수 있도록 하였다. 그동안 중소기업을 위한 기업회계기준이 별도로 제정되어 있지 않아서 영세한 중소기업이 일반기업회계기준을 적용해야 하는 어려움이 있었다. 본서에서는 중소기업회계기준의 기본내용을 설명하기로 한다. 중소기업회계기준은 10개의 장과 부칙으로 구성되어 있는데, 본서에서도 동일한 구성내용으로 진행하고자 한다.
 그런데 중소기업회계기준을 설명하기 전에 우리나라의 기업회계기준의 체계를 먼저 확인하기로 한다.

I. 기업회계기준 등의 범위

1. 영리법인 등의 기업회계기준

 2025년 현재 우리 나라의 기업회계기준은 주권상장법인 및 국제회계기준채택기업을 위한 「한국채택국제회계기준」과 비상장 외부감사대상법인을 위한 「일반기업회계기준」 및 외부감사대상이 아닌 기업을 위한 『중소기업회계기준』이 함께 적용되고 있다.
[주]: 중소기업회계기준은 2013년 2월 1일 법무부고시로 제정되었으며, 2014년 1월 1일부터 적용하고 있다.

또한 특수분야의 회계기준으로 해석[57-6] 기업집단결합재무제표 준칙사례, 결합재무제표[제5001호], 기업구조조정투자회사[제5002호], 집합투자기구[제5003호], 신탁업자의 신탁계정[제5004호] 등이 있다.

2. 공익법인 및 비영리조직 회계기준

2017년 7월 20일 한국회계기준원 회계기준위원회에서 비영리조직 회계기준을 제정하여 2018년 1월 1일부터 시행하도록 하고 있고, 기획재정부에서는 공익법인회계기준을 기획재정부고시[제2017-35호]로 발표하여 2018년 1월 1일부터 시행하고 있다. 특히, 공익법인회계기준은 상속세및증여세법상의 공익법인이 결산서류의 공시 및 회계감사에 적용해야할 회계기준이므로 중요한 역할을 수행한다.

II. 기업회계기준의 제정기관과 외부감사대상법인

현행 우리 나라의 기업회계기준제정은 다음의 법률에 근거하여 이루어지고 있다.

1. 기업회계기준 제정 근거에 관한 법률의 확인

가. 상법과 상법 시행령에서의 기업회계기준의 범위

(1) 상법의 회계원칙 관련 내용

회사의 회계는 상법과 상법 시행령으로 규정한 것을 제외하고는 일반적으로 공정하고 타당한 회계관행에 따른다[상법 제446조의2]. 상법에서는 기업회계기준을 「회계의 원칙」이라고 표현하고 있으며, 상법 시행령에서 「회계의 원칙」의 범위를 정하도록 하고 있고, 규정되지 않은 사항은 일반적으로 공정하고 타당한 회계관행을 적용하도록 규정하고 있다.

(나) 상법 시행령에서의 회계기준의 범위

상법 시행령 제15조[회계 원칙]의 내용은 다음과 같다.

상법 제446조의2[회계의 원칙]에서 "상법 시행령에 위임한 회계기준"이란 다음 각각의 구분에 따른 회계기준을 말한다.

① 「주식회사 등의 외부감사에 관한 법률」 제4조에 따른 외부감사 대상 회사: 같은 법 제5조 제1항에 따른 회계처리기준
② 「공공기관의 운영에 관한 법률」 제2조에 따른 공공기관: 같은 법에 따른 공기업·준정부기관의 회계 원칙
③ 상기 ① 및 ②에 해당하는 회사 외의 회사 등: 회사의 종류 및 규모 등을 고려하여 법무부장관이 중소벤처기업부장관 및 금융위원회와 협의하여 고시한 회계기준

나. 「주식회사 등의 외부감사에 관한 법률」 제5조에 제1항의 회계처리기준

「주식회사 등의 외부감사에 관한 법률」 제5조에 제1항의 회계처리기준이란 다음의 회계처리기준을 의미한다.

금융위원회는 증권선물위원회의 심의를 거쳐 다음과 같이 구분하여 회사의 회계처리기준을 정한다. 이 경우 국제회계기준을 적용하여야 하는 회사의 범위와 회계처리기준의 적용 방법은 「주식회사 등의 외부감사에 관한 법률 시행령」으로 정한다[외감법5 ③].

① 국제회계기준위원회의 국제회계기준을 채택하여 정한 회계처리기준
② 그밖에 「주식회사 등의 외부감사에 관한 법률」에 따라 정한 회계처리기준

상기 ①은 한국채택국제회계기준을 의미하고, ②는 일반기업회계기준 등 「주식회사 등의 외부감사에 관한 법률」에 따른 그 밖의 기업회계기준을 의미한다.

다. 공기업·준정부기관의 회계 원칙

「공공기관의 운영에 관한 법률」 제39조[회계원칙 등]에는 다음과 같은 내용을 규정하고 있다.

① 공기업·준정부기관의 회계는 경영성과와 재산의 증감 및 변동 상태를 명백히 표시하기 위하여 그 발생 사실에 따라 처리한다.

② 공기업·준정부기관은 공정한 경쟁이나 계약의 적정한 이행을 해칠 것이 명백하다고 판단되는 자에 대하여 2년의 범위 내에서 일정기간 입찰참가자격을 제한할 수 있다.
③ 제1항과 제2항의 규정에 따른 회계처리의 원칙과 입찰참가자격의 제한기준 등에 관하여 필요한 사항은 기획재정부령으로 정한다.

라. 중소기업회계기준

중소기업회계기준은 상법 시행령 제15조의 세 가지 구분된 회계기준 중 세 번째의 회계기준인 「법무부장관이 금융위원회 및 중소기업청장과 협의하여 고시한 회계기준」을 의미한다.

2. 국제회계기준 적용대상 기업의 범위

가. 한국채택국제회계기준(K-IFRS)의 적용[외감법 시행령 제6조]

다음 중 어느 하나에 해당되는 회사는 "한국채택국제회계기준"을 적용하여야 한다.

① 주권상장법인. 다만, 코넥스시장상장법인은 제외한다.
② 해당 사업연도 또는 다음 사업연도 중에 주권상장법인이 되려는 주식회사. 다만, 코넥스시장에 주권을 상장하려는 법인은 제외한다.
③ 「금융지주회사법」에 따른 금융지주회사. 다만, 같은법 제22조에 따른 전환 대상자는 제외한다.
④ 「은행법」에 따른 은행
⑤ 「자본시장과 금융투자업에 관한 법률」에 따른 투자매매업자, 투자중개업자, 집합투자업자, 신탁업자 및 종합금융회사
⑥ 「보험업법」에 따른 보험회사
⑦ 「여신전문금융업법」에 따른 신용카드업자

지배·종속의 관계에 있는 경우로서 지배회사가 연결재무제표에 한국채택국제

회계기준을 적용하는 경우에는 연결재무제표가 아닌 재무제표에도 한국채택국제회계기준을 적용하여야 한다.

나. 회계처리기준에 관한 업무위탁 등[외감법 시행령 제7조]

금융위원회는 다음 각각의 업무를 「민법」 제32조에 따라 금융위원회의 허가를 받아 설립된 사단법인 "한국회계기준원"에 위탁한다.

① 회계처리기준의 제정 또는 개정
② 회계처리기준 해석
③ 회계처리기준 관련 질의에 대한 회신
④ 그 밖에 회계처리기준과 관련하여 금융위원회가 정하는 업무

한국회계기준원은 회계처리기준에 관한 사항을 심의·의결하기 위하여 총리령으로 정하는 바에 따라 위원장 1명을 포함하여 9명 이내의 위원으로 구성되는 회계처리기준위원회를 두어야 한다.

3. 외부감사대상법인의 범위

가. 외부감사대상법인의 범위

다음 중 어느 하나에 해당하는 회사는 재무제표를 작성하여 회사로부터 독립된 외부의 감사인(재무제표 및 연결재무제표의 감사인은 동일하여야 한다)에 의한 회계감사를 받아야 한다[외감법4].

① 주권상장법인
② 해당 사업연도 또는 다음 사업연도 중에 주권상장법인이 되려는 회사
③ 그 밖에 직전 사업연도 말의 자산, 부채, 종업원수 또는 매출액 등 대통령령으로 정하는 기준에 해당하는 회사. 다만, 해당 회사가 유한회사인 경우에는 본문의 요건 외에 사원 수, 유한회사로 조직변경 후 기간 등을 고려하여 대통령령으로 정하는 기준에 해당하는 유한회사에 한정한다.

(1) 외감법 시행령 적용 외부감사대상 주식회사 등

"직전 사업연도 말의 자산, 부채, 종업원 수 또는 매출액 등 대통령령으로 정하는 기준에 해당하는 회사"란 다음 중 어느 하나에 해당하는 회사를 말한다[외감령5 ①].

① 직전 사업연도 말의 자산총액이 500억원 이상인 회사
② 직전 사업연도의 매출액(직전 사업연도가 12개월 미만인 경우에는 12개월로 환산하며, 1개월 미만은 1개월로 본다. 이하 같다)이 500억원 이상인 회사
③ 다음 각 목의 사항 중 2개 이상에 해당하는 회사
　㉮ 직전 사업연도 말의 자산총액이 120억원 이상
　㉯ 직전 사업연도 말의 부채총액이 70억원 이상
　㉰ 직전 사업연도의 매출액이 100억원 이상
　㉱ 직전 사업연도 말의 종업원(「근로기준법」 제2조 제1항 제1호에 따른 근로자를 말하며, 다음의 어느 하나에 해당하는 사람은 제외한다. 이하 같다)이 100명 이상
　　ⓐ 「소득세법 시행령」 제20조 제1항 각 호의 어느 하나에 해당하는 사람
　　ⓑ 「파견근로자보호 등에 관한 법률」 제2조 제5호에 따른 파견근로자
　　　[주]: 「소득세법 시행령」 제20조 제1항 각 호의 어느 하나에 해당하는 사람은 일용근로자를 의미한다.
　　　[주]: ⓑ의 "파견근로자"란 파견사업주가 고용한 근로자로서 근로자파견의 대상이 되는 사람을 말한다.

(2) 외감법 시행령 적용 외부감사대상 유한회사

해당 회사가 유한회사인 경우에는 상기 본문의 요건 외에 사원 수, 유한회사로 조직변경 후 기간 등을 고려하여 대통령령으로 정하는 기준에 해당하는 유한회사에 한정한다. "대통령령으로 정하는 기준에 해당하는 유한회사"란 1)의 ① 또는 ②에 해당하거나, ③의 각 목의 사항 및 직전 사업연도 말의 사원(「상법」 제543조 제2항 제1호에 따른 정관에 기재된 사원을 말한다)이 50명 이상인 경우 중 3개 이상에 해당하는 유한회사를 말한다. 다만, 2019년 11월 1일 이후 「상법」

제604조에 따라 주식회사에서 유한회사로 조직을 변경한 유한회사는 같은 법 제606조에 따라 등기한 날부터 5년간 주식회사외부감사대상 적용기준을 적용한다 [외감령5 ②].

"유한회사"로서 외부감사대상법인은 다음에 해당하는 회사를 의미한다.

① 직전 사업연도 말의 자산총액이 500억원 이상인 유한회사
② 직전 사업연도의 매출액이 500억원 이상인 유한회사
③ 다음 각 목의 사항 중 3개 이상에 해당하는 유한회사
  ㉮ 직전 사업연도 말의 자산총액이 120억원 이상
  ㉯ 직전 사업연도 말의 부채총액이 70억원 이상
  ㉰ 직전 사업연도의 매출액이 100억원 이상
  ㉱ 직전 사업연도 말의 종업원(「근로기준법」 제2조 제1항 제1호에 따른 근로자를 말하며, 다음의 어느 하나에 해당하는 사람은 제외한다)이 100명 이상
    ㉠ 일용근로자 등
    ㉡ 「파견근로자보호 등에 관한 법률」 제2조 제5호에 따른 파견근로자
  ㉲ 직전 사업연도 말의 사원(「상법」 제543조 제2항 제1호에 따른 정관에 기재된 사원을 말한다)이 50명 이상

나. 외부감사대상법인에서 제외할 수 있는 회사

상기 불구하고 다음 중 어느 하나에 해당하는 회사는 외부의 감사인에 의한 회계감사를 받지 아니할 수 있다.

① 「공공기관의 운영에 관한 법률」에 따라 공기업 또는 준정부기관으로 지정받은 회사 중 주권상장법인이 아닌 회사
② 해당 사업연도에 최초로 「상법」 제172조에 따라 설립등기를 한 회사
③ 외감법 제10조 제1항 및 제2항에 따른 감사인 선임기간의 종료일에 다음 각 목의 어느 하나에 해당되는 회사[감사인을 선임한 후 다음 각 목의 어느 하나에 해당하게 된 회사로서 「금융위원회의 설치 등에 관한 법률」 제19조

에 따른 증권선물위원회(이하 "증권선물위원회"라 한다)가 인정하는 회사를 포함한다]
㉮ 「지방공기업법」에 따른 지방공기업 중 주권상장법인이 아닌 회사
㉯ 「자본시장과 금융투자업에 관한 법률」 제9조 제18항 제2호 및 제3호에 따른 투자회사 및 투자유한회사, 같은 법 제249조의13에 따른 투자목적회사
㉰ 「기업구조조정투자회사법」 제2조 제3호에 따른 기업구조조정투자회사
㉱ 「자산유동화에 관한 법률」 제2조 제5호에 따른 유동화전문회사
㉲ 「민법」 제32조에 따라 금융위원회의 허가를 받아 설립된 금융결제원으로부터 거래정지처분을 받고 그 처분의 효력이 지속되고 있는 회사. 다만, 「채무자 회생 및 파산에 관한 법률」에 따라 회생절차의 개시가 결정된 회사는 제외한다.
㉳ 해산·청산 또는 파산 사실이 등기되거나 1년 이상 휴업 중인 회사
㉴ 「상법」 제174조에 따라 합병절차가 진행 중인 회사로서 해당 사업연도 내에 소멸될 회사
㉵ 그 밖에 ㉮부터 ㉴까지에 준하는 사유로 외부감사를 할 필요가 없는 회사로서 금융위원회가 고시하는 기준에 해당하는 회사

III. 중소기업회계기준의 목적 등

1. 중소기업회계기준의 목적

본서에서는 중소기업회계기준 해설을 중소기업회계기준 본문의 내용을 □안에 나타내고, 그 다음에 해설을 제시하는 방법으로 진행한다. 중소기업회계기준은 상법 시행령 제15조 제3호에 따른 주식회사의 회계처리와 재무보고에 관한 기준을 정함을 목적으로 한다.

> **제1조(목적)** 중소기업회계기준(이하 '이 기준'이라 한다)은 상법 시행령 제15조 제3호에 따른 주식회사의 회계처리와 재무보고에 관한 기준을 정함을 목적으로 한다.

> **제2조(적용)** 이 기준은 상법 시행령 제15조 제3호에 따른 주식회사(이하 '회사'라 한다)의 회계처리에 적용한다. 다만, 회사가 주식회사의 외부감사에 관한 법률 제13조에 따른 회계기준(한국채택국제회계기준 또는 일반기업회계기준을 말한다)을 적용하는 경우에는 그러하지 아니하다.
>
> **제3조(회계정책의 선택)** 거래, 그 밖의 사건 또는 상황에 적용되는 회계정책은 이 기준을 적용하여 결정한다. 다만, 구체적으로 적용할 수 있는 기준이 없는 경우 일반기업회계기준을 참조하여 회계처리한다.

[주]: 외감법에서 회계처리기준을 정하는 조문이 종전의 제13조에서 제5조로 개정되었음.

2. 적용대상 기업

가. 상법 시행령 제15조의 내용 확인

상법 시행령 제15조[회계 원칙]의 내용은 다음과 같다.

상법 제446조의2[회계의 원칙]에서 "상법 시행령에 위임한 회계기준"이란 다음 각각의 구분에 따른 회계기준을 말한다.

① 「주식회사의 외부감사에 관한 법률」 제2조에 따른 외부감사 대상 회사: 같은 법 제13조 제1항에 따른 회계처리기준
② 「공공기관의 운영에 관한 법률」 제2조에 따른 공공기관: 같은 법에 따른 공기업·준정부기관의 회계 원칙
③ 상기 ① 및 ②에 해당하는 회사 외의 회사 등: 회사의 종류 및 규모 등을 고려하여 법무부장관이 금융위원회 및 중소기업청장과 협의하여 고시한 회계기준

나. 중소기업회계기준 적용 대상기업

상기 내용 중 제1호는 외부감사대상회사에게 적용되는 기업회계기준이고, 제2호는 공공기관에게 적용되는 회계기준을 의미한다. 따라서 『중소기업회계기준』은 제3호에 해당하는 기업에게 적용되므로, 「외부감사대상회사와 공공기관을 제외한

기업으로서 주식회사」의 회계처리에 적용한다.

그러나 중소기업회계기준 적용대상 회사가 주식회사의 외부감사에 관한 법률 제13조에 따른 회계기준(한국채택국제회계기준 또는 일반기업회계기준을 말한다)을 적용하는 경우에는 중소기업회계기준을 적용하지 아니하고, 한국채택국제회계기준 또는 일반기업회계기준을 적용한다.

[주]: 외감법에서 회계처리기준을 정하는 조문이 종전의 제13조에서 제5조로 개정되었음.

3. 적용대상 중소기업의 재무보고기준 제시

중소기업회계기준은 적용대상 주식회사의 회계처리와 재무보고에 관한 기준을 정함을 목적으로 한다. 「재무보고」란 외부의 다양한 이해관계자의 경제적 의사결정을 위해 경영자가 기업실체의 경제적 자원과 의무, 경영성과, 현금흐름, 자본변동 등에 관한 재무정보를 제공하는 것을 말한다.

4. 중소기업회계기준의 회계정책 선택

적용대상 기업의 회계상 거래에 대하여 적용되는 회계처리는 중소기업회계기준을 적용하여 처리하지만, 중소기업회계기준에 구체적으로 적용할 수 있는 기준이 없는 경우 일반기업회계기준을 참조하여 회계처리한다.

IV. 재무제표 등

제4조(재무제표)

① 이 기준에서 재무제표는 다음 각 호의 서류로 구성된다. 다만, 제3호와 제4호의 경우 하나를 선택하여 작성한다.
  1. 대차대조표
  2. 손익계산서
  3. 자본변동표

> 4. 이익잉여금처분계산서 또는 결손금처리계산서
> ② 재무제표는 직전 회계연도 분과 해당 회계연도 분을 비교하는 형식으로 작성한다. 다만, 해당 회계연도 분만 작성할 수 있다.
> ③ 재무제표가 이 기준에 따라 작성된 경우에는 각 재무제표 아래에 중소기업회계기준에 따라 작성되었다는 사실을 기재한다.

1. 재무제표의 종류

가. 중소기업회계기준의 재무제표

중소기업회계기준의 재무제표로서 반드시 작성해야하는 재무제표는 대차대조표와 손익계산서이고, 자본변동표와 이익잉여금처분계산서(결손금처리계산서)는 둘 중에 하나를 선택하여 작성한다. 한국채택국제회계기준이나 일반기업회계기준에서는 대차대조표를 재무상태표로 명칭을 변경하였으나, 중소기업회계기준은 상법의 규정에 근거하여 대차대조표라고 표시한다.

[주]: 대차대조표는 일반기업회계기준에서의 재무상태표와 동일한 재무보고서이므로 중소기업실무에서 대차대조표라는 표현 대신 재무상태표라고 표현하더라도 재무보고서로서 인정될 것이다.

나. 법인세 과세표준 신고시 제출해야 하는 재무제표

실무적으로 법인이 법인세 과세표준 및 세액신고시에 이익잉여금처분계산서(결손금처리계산서)는 반드시 작성하여 제출하여야 하므로[법인세법 제60조], 중소기업회계기준을 적용하는 주식회사는 다음의 재무제표를 작성하여야 한다.

① 대차대조표
② 손익계산서
③ 이익잉여금처분계산서 또는 결손금처리계산서

2. 재무제표의 표시방법

중소기업회계기준의 재무제표 표시는 원칙적으로 직전 회계연도 분과 해당 회계연도 분을 비교하는 형식으로 작성한다. 다만, 해당 회계연도 분만 작성할 수 있다.

3. 재무제표의 작성 근거를 기재

해당 재무제표가 중소기업회계기준에 따라 작성된 경우에는 각 재무제표 아래에 중소기업회계기준에 따라 작성되었다는 사실을 기재한다. 이것은 재무제표의 작성근거가 되는 기업회계기준을 표시함으로써 회계정보이용자가 재무정보를 이해하는 데에 도움을 주기 위한 것이다.

V. 통합과 구분표시

제5조(항목의 통합 및 구분표시)
① 성격이나 금액이 중요하지 아니한 항목은 성격이 비슷한 항목에 통합하여 표시할 수 있다.
② 성격과 금액이 중요한 항목은 그 내용을 잘 나타낼 수 있는 적절한 항목으로 구분하여 표시한다.

1. 「항목의 통합 및 구분표시」의 의미

「항목의 통합 및 구분표시」는 일반기업회계기준 등 다른 기업회계기준에도 당연히 두고 있는 규정이다. 회계정보이용자의 입장에서 볼 때, 성격이나 금액이 중요하지 아니한 항목은 성격이 비슷한 항목에 통합하여 표시할 수 있으며, 성격과 금액이 중요한 항목은 그 내용을 잘 나타낼 수 있는 적절한 항목으로 구분하여 표시한다.

2. 적용 례

[예) 차량운반구, 비품 등의 금액이 충분히 크고, 중요성이 있다고 판단되는 경우에는 구분하여 표시를 하고, 개별 금액이 크지 않고 중요성이 높지 않으면, 기타 유형자산이라는 명칭으로 통합하여 표시할 수 있는 것이다.]

제2장

대차대조표(재무상태표)

제6조(대차대조표 작성기준)
① 대차대조표는 회계연도 말 현재 회사의 자산, 부채와 자본에 대한 정보를 제공하는 재무보고서이다.
② 대차대조표에는 회계연도 말 현재의 모든 자산, 부채 및 자본을 적정하게 표시한다. [별지 제1호 서식 참조]
③ 대차대조표 구성요소의 정의는 다음 각 호와 같다.
  1. '자산'이란 과거의 거래나 사건의 결과로 현재 회사가 통제하고 미래에 경제적효익을 창출할 것으로 예상되는 자원을 말한다.
  2. '부채'란 과거의 거래나 사건의 결과로 현재 회사가 부담하고 있고 미래에 자원이 유출되거나 사용될 것으로 예상되는 의무를 말한다.
  3. '자본'이란 회사의 자산 총액에서 부채 총액을 차감한 잔여 금액으로 회사의 자산에 대한 주주의 잔여청구권을 말한다.
④ 자산과 부채는 각각 다음 각 호의 조건을 충족하는 경우에 대차대조표에 인식한다.
  1. 자산: 해당 항목에서 발생하는 미래경제적효익이 회사에 유입될 가능성이 매우 높고, 그 원가를 신뢰성 있게 측정할 수 있다.
  2. 부채: 해당 의무를 이행하기 위하여 경제적 자원이 유출될 가능성이 매우 높고, 의무의 이행에 소요되는 금액을 신뢰성 있게 측정할 수 있다.
⑤ 자산, 부채 및 자본은 다음 각 호에 따라 구분한다.

1. 자산은 회계연도 말부터 1년 이내에 현금화되거나 실현될 것으로 예상되면 유동자산으로, 그 밖의 경우는 비유동자산으로 구분하고, 유동자산과 비유동자산은 다음 각 목과 같이 구분한다.
   가. 유동자산: 당좌자산, 재고자산
   나. 비유동자산: 투자자산, 유형자산, 무형자산, 기타비유동자산
2. 부채는 회계연도 말부터 1년 이내에 상환 등을 통하여 소멸할 것으로 예상되면 유동부채로, 그 밖의 경우는 비유동부채로 구분한다.
3. 자본은 자본금, 자본잉여금, 자본조정과 이익잉여금 또는 결손금으로 구분한다.
⑥ 자산과 부채는 유동성이 높은 항목부터 배열한다.
⑦ 자산과 부채는 상계하여 표시하지 않는다. 다만, 회사가 채권과 채무를 상계할 수 있는 법적 권리를 가지고 있고, 채권과 채무를 차액으로 결제하거나 동시에 결제할 의도가 있다면 상계하여 표시한다.
⑧ 가지급금이나 가수금 등은 그 내용을 나타내는 적절한 항목으로 표시한다.

Ⅰ. 대차대조표(재무상태표) 작성기준

1. 대차대조표의 정의와 작성기준일

가. 대차대조표의 정의

대차대조표는 회계연도 말 현재 회사의 자산, 부채와 자본에 대한 정보를 제공하는 재무보고서이다.

나. 대차대조표의 작성기준일

대차대조표에는 회계연도 말 현재의 모든 자산, 부채 및 자본을 적정하게 표시한다.

예를 들어 회계연도가 1월 1일부터 12월 31일까지인 경우에, 대차대조표는 12월 31일 현재의 해당 기업의 모든 자산, 부채 및 자본을 적정하게 표시하도록

한다. 그러나 반기 재무보고서인 경우에는 6월 30일 현재의 재무상태를 표시하고, 분기 재무보고서인 경우에는 매분기말의 자산, 부채 및 자본을 적정하게 표시하도록 한다. 물론, 특정 월의 말일을 기준으로 대차대조표를 작성할 수도 있다. 따라서 대차대조표에는 **작성기준 일자**를 반드시 제시하여야 한다.

자산, 부채와 자본의 개념에 대해서는 아래에 설명한다.

2. 대차대조표 구성요소의 정의

자산, 부채와 자본을 대차대조표의 구성요소라고 한다. 대차대조표 구성요소의 정의는 다음과 같다.

가. 자산의 정의

'자산'이란 과거의 거래나 사건의 결과로 현재 회사가 통제하고 미래에 경제적 효익을 창출할 것으로 예상되는 자원을 말한다.

「미래의 경제적효익」이란 직접 또는 간접적으로 기업실체의 미래 현금흐름 창출에 기여하는 잠재력을 말한다. 즉, 자산이 되기 위해서는 해당 기업이 현재 통제하고 있으면서, 미래에 현금흐름을 창출할 수 있는 잠재력이 있어야 하는 것이다.

예를 들어, 매출채권은 회수하면서 현금흐름을 창출하고, 상품 등 재고자산은 판매하는 경우에 현금흐름을 창출하며, 유형자산이나 무형자산은 사용에 의하여 현금흐름을 창출한다.

그러므로 미래에 현금흐름을 창출할 수 있는 잠재력이 없으면 자산이 될 수 없는 것이다.

회수불가능한 매출채권에 대하여 대손상각을 하는 근거는 자산성을 인정할 수 없는 금액을 비용으로 회계처리하는 과정이라고 말할 수 있다.

나. 부채의 정의

'부채'란 과거의 거래나 사건의 결과로 현재 회사가 부담하고 있고 미래에 자원이 유출되거나 사용될 것으로 예상되는 의무를 말한다.

부채는 특정 기업체가 현재시점에 부담하는 의무이다. 그 의무는 미래에 자원이 유출되거나 사용될 것으로 예상되는 의무를 말한다.

예를 들어, 매입채무나 차입금 등은 해당 기업체에서 현금·예금 등의 자원을 유출하여 지급해야할 의무를 부담하는 부채이며, 선수임대료 등은 특정자산을 일정기간 사용하게 해야할 의무를 부담하는 부채인 것이다.

다. 자본의 정의

'자본'이란 회사의 자산 총액에서 부채 총액을 차감한 잔여 금액으로 회사의 자산에 대한 주주의 잔여청구권을 말한다.

자본은 자산총액에서 부채총액을 차감하여 계산하는 것으로 주주의 잔여청구권을 의미한다.

자본의 구성내용은 주주가 불입한 자본금 및 자본잉여금과 이익의 누적유보금액(이익잉여금), 불입자본이나 이익잉여금으로 구분하기 어려운 자본조정 등으로 구성된다.

3. 자산과 부채의 인식기준

자산과 부채는 각각 다음 각 호의 조건을 충족하는 경우에 대차대조표에 인식한다.

회계에서 「**인식**」이란 거래나 사건의 경제적 효과를 자산, 부채, 수익, 비용 등으로 재무제표에 표시하는 것을 말한다. 즉, 「인식기준」이란 회계처리 하여 회계장부에 자산, 부채, 수익, 비용 등으로 반영해야 하는 기준을 의미한다.

가. 자산의 인식기준

자산은 해당 항목에서 발생하는 미래 경제적효익이 회사에 유입될 가능성이 매우 높고, 그 원가를 신뢰성 있게 측정할 수 있는 시기에 인식한다. 자산은 다음의 두 가지가 모두 충족되는 시기에 인식한다.

① 미래 경제적효익(미래 현금흐름 창출 잠재력)이 회사에 유입될 가능성이 매우 높을 것

② 원가를 신뢰성 있게 측정할 수 있을 것

나. 부채의 인식기준

부채는 해당 의무를 이행하기 위하여 경제적 자원이 유출될 가능성이 매우 높고, 의무의 이행에 소요되는 금액을 신뢰성 있게 측정할 수 있다. 부채는 다음의 두 가지가 모두 충족되는 시기에 인식한다.

① 해당 의무를 이행하기 위하여 경제적 자원이 유출될 가능성이 매우 높을 것
② 의무의 이행에 소요되는 금액을 신뢰성 있게 측정할 수 있을 것

4. 자산과 부채의 구분표시 기준

자산과 부채의 구분표시 기준이란 대차대조표를 작성하여 보고할 때, 자산과 부채를 구분표시하는 기준을 의미한다. 자산, 부채 및 자본은 다음의 방법에 따라 구분한다.

가. 자산의 구분표시

자산은 유동자산과 비유동자산으로 구분하여 표시한다.
자산은 회계연도 말부터 1년 이내에 현금화되거나 실현될 것으로 예상되면 유동자산으로, 그 밖의 경우는 비유동자산으로 구분하고, 유동자산과 비유동자산은 다음 각 목과 같이 구분한다.

① 유동자산: 당좌자산, 재고자산
② 비유동자산: 투자자산, 유형자산, 무형자산, 기타비유동자산

나. 부채의 구분표시

부채는 유동부채와 비유동부채로 구분하여 표시한다.
부채는 회계연도 말부터 1년 이내에 상환 등을 통하여 소멸할 것으로 예상되면 유동부채로, 그 밖의 경우는 비유동부채로 구분한다.

다. 자본의 구분표시

자본은 자본금, 자본잉여금, 자본조정과 이익잉여금 또는 결손금으로 구분한다.

5. 유동성배열법의 적용

자산과 부채는 유동성이 높은 항목부터 배열한다. 유동성이란 현금이 되기 쉬운 정도를 의미하는 용어로서 자금의 지급능력과 관련하여 사용하는 개념이다.

유동성이 높은 항목부터 배열한다는 의미는 자산은 유동자산, 비유동자산의 순서로 배열하고, 부채는 유동부채, 비유동부채의 순서로 배열한다는 의미이다.

6. 자산·부채의 총액주의 표시

자산과 부채는 상계하여 표시하지 않는다. 다만, 회사가 채권과 채무를 상계할 수 있는 법적 권리를 가지고 있고, 채권과 채무를 차액으로 결제하거나 동시에 결제할 의도가 있다면 상계하여 표시한다.

특정 거래처에 대하여 채권과 채무를 임의로 상계하면, 보고해야할 재무정보를 임의로 누락시키는 결과가 될 수 있으므로, 원칙적으로 자산과 부채는 상계하여 표시하지 않도록 하고 있다. 다만, 회사가 채권과 채무를 상계할 수 있는 법적 권리를 가지고 있고, 채권과 채무를 차액으로 결제하거나 동시에 결제할 의도가 있다면 상계하여 표시할 수 있는 예외를 인정한다.

7. 가지급금·가수금을 적절한 계정과목으로 표시

가지급금이나 가수금 등은 그 내용을 나타내는 적절한 항목으로 표시한다. 가지급금이나 가수금 등은 임시적인 계정이므로 대차대조표를 작성할 때에는 실제의 내용에 맞는 적절한 계정으로 표시해야 한다는 의미이다.

가. 업무관련 가지급금·가수금의 회계처리

계정과목이나 금액이 미확정 상태이므로 가지급금이나 가수금 등으로 표시했던 항목은 대차대조표 작성시기에 그 내용을 나타내는 적절한 계정과목으로 표시한다.

나. 특수관계자에 대한 가지급금·가수금의 처리

대여금이나 차입금의 성격이 있는 특수관계자에 대한 가지급금·가수금은 대차대조표 작성시에 가지급금·가수금계정이 아니라, 대여금·차입금으로 회계처리함이 타당하다.

II. 유동자산의 분류 등

> **제7조(당좌자산)**
> ① '당좌자산'이란 재고자산에 속하지 않는 유동자산을 말한다.
> ② 당좌자산에는 현금및현금성자산, 단기투자자산, 매출채권, 선급비용, 미수수익, 미수금과 선급금 등이 포함된다.
> ③ 매출채권, 대여금, 미수금, 미수수익 등에 대한 대손충당금은 해당 자산의 차감계정으로 대차대조표에 표시한다.

1. 유동자산의 분류

유동자산은 당좌자산과 재고자산으로 분류한다.

2. 당좌자산의 세부적 계정과목 예시

당좌자산에는 현금및현금성자산, 단기투자자산, 매출채권, 선급비용, 미수수익, 미수금과 선급금 등이 포함된다. 계정과목은 예시를 들어 제시한 것이다.

가. 현금 및 현금성자산

현금및 현금성자산은 「통화 및 타인발행수표 등 통화대용증권과 당좌예금·보통예금 및 현금성자산」을 의미한다.

[주]: 현금성자산이란 큰 거래 비용 없이 현금 전환하는 것이 용이하고, 가치변동에 따른 위험이 적은 금융자산으로서 취득당시 만기(상환일)가 3개월 이내의 것을 포함한다.

[주]: 현금 및 현금성자산이란 보고용 재무제표에 사용하는 계정과목이다. 기업체 내부의 관리목적으로는 당좌예금·보통예금 등의 계정과목을 사용한다.

나. 단기투자자산

단기투자자산은 기업이 여유자금의 활용 목적으로 보유하는 단기예금, 단기매매증권, 단기대여금 및 유동자산으로 분류되는 매도가능증권과 만기보유증권 등의 자산을 포함한다.

다. 매출채권

매출채권은 회사의 주된 영업활동에 속하는 일반적 상거래에서 발생한 외상매출금과 받을어음으로 한다. 도매업의 상품 매출시, 제조업의 제품 매출시에 일반적으로 외상매출금의 계정으로 회계처리한다. 매출 후 거래처로부터 어음을 수령하거나, 특정 외상매출금을 회수하는 과정에서 어음을 받는 경우에는 받을어음으로 회계처리한다. 대차대조표를 작성하는 경우에는 외상매출금과 받을어음을 합계하여 매출채권으로 표시한다.

라. 선급금

상품·원재료 등의 매입을 위하여 선급한 금액을 회계처리하는 계정이다.

마. 선급비용

회계연도말 현재 선급된 비용 중 1년 내에 비용으로 처리될 금액을 유동자산의 선급비용으로 회계처리한다.

[예] 화재보험료 선급비용, 이자선급비용, 임차료 선급액 등]

바. 미수금

회사가 주로 영업활동으로 하는 일반적인 상거래 이외의 분야에서 발생하는 미회수채권을 회계처리하는 계정이다. 예를 들어 제조업 등이 토지나 건물 매각대금을 회수하지 않은 상태에서 대차대조표를 작성할 때 사용하는 계정이다.

사. 미수수익

회사가 주로 영업활동으로 하는 일반적인 상거래 이외의 분야에서 당기에 속하는 수익 중 미수액으로 한다. 예를 들면, 제조업, 도매업·소매업 등을 영위하는 회사에서 미수이자·미수임대료 등을 회계처리하는 계정이다.

3. 대손충당금의 표시

매출채권, 대여금, 미수금, 미수수익 등에 대한 대손충당금은 해당 자산의 차감계정으로 대차대조표에 표시한다. 회수하지 못할 가능성이 있는 매출채권 등은 합리적이고 객관적인 기준에 따라 대손추산액을 산출하여 대손충당금으로 설정하고, 대손충당금을 해당 자산의 차감계정으로 대차대조표에 표시하도록 하고 있다.

III. 매출채권 양도에 대한 회계처리

> 제8조(매출채권 등의 양도) 매출채권, 대여금 등을 양도하는 경우, 그 자산을 대차대조표에서 제거하고 장부금액과 수취한 대가의 차액은 매출채권처분손익 등 당기손익으로 인식한다.

1. 매출채권 양도를 매각거래로 회계처리

매출채권, 대여금 등을 양도하는 경우, 그 자산을 대차대조표에서 제거하고 장부금액과 수취한 대가의 차액은 매출채권처분손익 등 당기손익으로 인식한다. 중소기업회계기준은 일반기업회계기준과 같은 회계정책을 적용하여 매출채권양도를 매각거래로 회계처리 하도록 하였다.

2. 매출채권 양도를 매각거래로 보는 경우의 회계처리 예시

매출채권의 양도를 매각거래로 보는 경우, 다음과 같이 회계처리한다.

[매각거래의 회계처리]
(차) 현금및현금성자산　　　　　××　　(대) 매출채권　　　　××
(차) 매출채권처분손실　　　　　××

3. 매출채권양도를 매각거래로 회계처리한 사례

甲(주)는 2X25년 12월 1일 소유하고 있던 받을어음 73,000,000원을 거래은행에 할인하고 할인료를 차감한 실수금을 예금에 입금하였다.
[※ 할인일수 60일, 할인료율 연 4%]
(차) 예　금　　　　　　　72,520,000　　(대) 받을어음　　73,000,000
(차) 매출채권처분손실　　　　480,000
[주]: 할인료: $73,000,000 \times 0.04 \times 60/365 = 480,000$원

IV. 재고자산

제9조(재고자산)
① '재고자산'이란 일상적인 사업과정에서 판매하기 위하여 보유하거나 생산과정에 있는 자산과 생산 또는 용역 제공 과정에 투입될 자산을 말한다.
② 재고자산에는 상품, 제품, 반제품, 재공품, 원재료와 저장품 등이 포함된다.
③ 재고자산평가충당금은 재고자산 각 항목의 차감계정으로 대차대조표에 표시한다.

---

1. 재고자산의 정의

'재고자산'이란 일상적인 사업과정에서 판매하기 위하여 보유하거나 생산과정에 있는 자산과 생산 또는 용역 제공 과정에 투입될 자산을 말한다.

제조업, 도·소매업 등의 경우에는 판매하기 위하여 보유하는 제품, 상품이 재고자산에 해당하고, 제조업의 생산과정에 투입되는 원재료, 재공품 등도 재고자산에 해당한다. 또한 건설업이나 소프트웨어 제작업 등의 경우, 건설·제작 중에 있는 재공품 등을 재고자산으로 분류한다.

재고자산의 분류는 해당 기업의 사업업종과 관련이 있다. 예를 들어, 부동산매매업을 영위하는 기업이 판매하기 위하여 소유하는 부동산은 재고자산으로 분류되는 반면, 제조업을 영위하는 법인이 임대목적 또는 사용목적으로 보유하는 건물은 유형자산으로 분류한다.

2. 재고자산의 계정과목의 예시

재고자산에는 상품, 제품, 반제품, 재공품, 원재료와 저장품 등이 포함된다.

3. 재고평가손실 발생시 재고자산평가충당금의 표시

재고자산의 순실현가능가치가 장부금액보다 하락한 경우에는 저가법을 적용하여 순실현가능가치를 장부금액으로 하고, 발생한 평가손실은 매출원가에 가산한다. 이 경우에 인식한 재고자산평가충당금은 재고자산 각 항목의 차감계정으로 대차대조표에 표시한다.

V. 투자자산

제10조(투자자산)
① '투자자산'이란 장기적인 투자 수익 등과 같이 주된 영업활동이 아닌 부수적인 활동의 결과로 보유하는 자산을 말한다.
② 투자자산에는 투자부동산, 장기투자증권과 장기대여금 등이 포함된다.

1. 투자자산의 정의

'투자자산'이란 장기적인 투자 수익 등과 같이 주된 영업활동이 아닌 부수적인 활동의 결과로 보유하는 자산을 말한다.

2. 투자자산의 계정과목의 예시

투자자산에는 투자부동산, 장기투자증권과 장기대여금 등이 포함된다.
장기투자증권은 단기투자자산으로 분류되지 않는 매도가능증권과 만기보유증권을 포함하는 개념이다.

VI. 유형자산

제11조(유형자산)
① '유형자산'이란 재화를 생산하거나 용역을 제공하기 위하여, 또는 타인에게 임대하거나 직접 사용하기 위하여 보유한 물리적 형체가 있는 자산으로 1년을 초과하여 사용할 것으로 예상되는 자산을 말한다.
② 유형자산에는 토지, 건물, 구축물, 기계장치, 차량운반구와 건설중인자산 등이 포함된다.
③ 유형자산의 감가상각누계액과 손상차손누계액은 유형자산 각 항목의 차감계정으로 대차대조표에 표시한다.
④ 유형자산을 폐기하거나 처분하는 경우 그 자산을 대차대조표에서 제거하고 처분금액과 장부금액의 차액을 유형자산처분손익으로 인식한다.

1. 유형자산의 정의

'유형자산'이란 재화를 생산하거나 용역을 제공하기 위하여, 또는 타인에게 임대하거나 직접 사용하기 위하여 보유한 물리적 형체가 있는 자산으로 1년을 초과하여 사용할 것으로 예상되는 자산을 말한다. 이러한 개념 정의와 관련하여 유형자산의 특성을 검토하면 다음과 같다.

가. 영업활동에 사용할 것

재화를 생산하거나 용역을 제공하기 위하여, 또는 타인에게 임대하거나 직접 사용하기 위하여 보유하는 자산이다. 유형자산은 사용에 의하여 미래의 경제적효익(미래 현금흐름 창출 잠재력)을 가져다 줄 수 있는 자산이다.

나. 물리적 실체가 있을 것

토지, 건물, 구축물, 기계장치, 차량운반구, 비품 등 물리적 형체가 있는 자산이다.

다. 내구적인 사용이 가능할 것

해당 유형자산은 1년을 초과하여 사용할 것으로 예상되는 자산을 말한다. 1년 이내의 단기간에 사용되는 자산은 소모품(비) 등으로 회계처리 한다.

2. 유형자산의 계정과목의 예시

유형자산에는 토지, 건물, 구축물, 기계장치, 차량운반구와 건설중인자산 등이 포함된다.

건설중인자산은 사업용 자산의 매입·제작·건설 등의 과정에 투입되는 지출을 집계하였다가 해당 자산 완성되어 본 계정에 대체할 때까지 경과적으로 사용하는 계정이다. 예를 들어 공장을 건설하거나, 사옥을 신축하는 경우에 사용할 수 있는 계정과목이다.

3. 유형자산의 감가상각누계액 및 손상차손누계액의 표시

유형자산의 감가상각누계액과 손상차손누계액은 유형자산 각 항목의 차감계정으로 대차대조표에 표시한다.

[주]: 손상차손은 자산의 진부화 및 시장가치의 급격한 하락 등으로 인하여 자산의 회수가능가액이 장부금액에 현저하게 미달하는 경우에 감액손실로 인식하는 금액이다. 구체적인 회계처리사례는 자산 및 부채의 평가에서 확인하기로 한다.

4. 유형자산의 폐기처분과 유형자산처분손익의 처리

유형자산을 폐기하거나 처분하는 경우 그 자산을 대차대조표에서 제거하고 처분금액과 장부금액의 차액을 유형자산처분손익으로 인식한다. 유형자산처분손익은 영업외손익항목이다.

VII. 무형자산

> **제12조(무형자산)**
> ① '무형자산'이란 재화를 생산하거나 용역을 제공하기 위하여, 또는 타인에게 임대하거나 직접 사용하기 위하여 보유한, 물리적 형체가 없는 비화폐성 자산을 말한다.
> ② 무형자산에는 지식재산권, 개발비, 컴퓨터소프트웨어, 광업권, 임차권리금과 영업권 등이 포함된다.
> ③ 무형자산은 상각누계액과 손상차손누계액을 취득원가에서 직접 차감한 잔액으로 대차대조표에 표시한다.
> ④ 무형자산을 처분하는 경우 그 자산을 대차대조표에서 제거하고 처분금액과 장부금액의 차액을 무형자산처분손익으로 인식한다.

1. 무형자산의 정의

'무형자산'이란 재화를 생산하거나 용역을 제공하기 위하여, 또는 타인에게 임대하거나 직접 사용하기 위하여 보유한, 물리적 형체가 없는 비화폐성 자산을 말한다. 이러한 개념 정의와 관련하여 유형자산의 특성을 검토하면 다음과 같다.

가. 영업활동에 사용할 것

재화를 생산하거나 용역을 제공하기 위하여, 또는 타인에게 임대하거나 직접 사용하기 위하여 보유하는 자산이다. 유형자산은 사용에 의하여 미래의 경제적효익(미래 현금흐름 창출 잠재력)을 가져다 줄 수 있는 자산이다.

나. 물리적 형체가 없을 것

지식재산권, 개발비, 컴퓨터소프트웨어 등 물리적 형체가 없는 자산이다.

다. 비화폐성 자산일 것

비화폐성 자산이란 보유하는 자산이 특정화폐단위로 확정되어 있지 않은 자산이라는 것을 의미한다.

본문에 특별한 언급은 하고 있지 않지만, 무형자산도 1년을 초과하는 기간에 사용할 수 있어야 한다. 1년이내에 사용되고 소멸된다면 당기에 비용으로 회계처리하거나, 다음 회계기간에 효과가 소멸되는 지출인 경우 선급비용으로 회계처리할 수도 있다.

2. 무형자산의 계정과목의 예시

무형자산에는 지식재산권, 개발비, 컴퓨터소프트웨어, 광업권, 임차권리금과 영업권 등이 포함된다. 이러한 계정과목은 예시를 들어 제시한 것이다. 무형자산의 요건을 충족하는 경우에는 예시로 제시한 계정과목 외의 계정으로도 표시할 수 있다.

3. 무형자산의 상각누계액 및 손상차손누계액의 표시

무형자산은 상각누계액과 손상차손누계액을 취득원가에서 직접 차감한 잔액으로 대차대조표에 표시한다.

유형자산의 경우에는 감가상각누계액과 손상차손누계액을 유형자산 각 항목의 차감계정으로 대차대조표에 표시하지만, 무형자산의 경우에는 상각누계액과 손상차손누계액을 취득원가에서 직접 차감한 잔액으로 표시한다.

① 유형자산의 감가상각누계액과 손상차손누계액: 취득원가에서 차감하는 계정으로 표시
② 무형자산의 상각누계액과 손상차손누계액: 취득원가에서 직접 차감한 잔액으로 표시

4. 무형자산의 폐기처분과 무형자산처분손익의 처리

무형자산을 처분하는 경우 그 자산을 대차대조표에서 제거하고 처분금액과 장부금액의 차액을 무형자산처분손익으로 인식한다. 무형자산처분손익은 영업외손익항목이다.

VIII. 기타비유동자산

제13조(기타비유동자산)
① '기타비유동자산'이란 투자자산, 유형자산 및 무형자산에 속하지 않는 비유동자산을 말한다.
② 기타비유동자산에는 임차보증금, 장기매출채권, 장기선급비용과 장기미수금 등이 포함된다.

1. 기타비유동자산의 범위

'기타비유동자산'이란 투자자산, 유형자산 및 무형자산에 속하지 않는 비유동자산을 말한다.

2. 기타비유동자산 계정과목의 예시

기타비유동자산에는 임차보증금, 장기매출채권, 장기선급비용과 장기미수금 등이 포함된다. 이 경우에도 계정과목은 예시를 들어 제시한 것이다.

① 장기매출채권: 대차대조표 작성기준일인 회계연도말로부터 회수기간이 1년을 초과하는 매출채권을 표시하는 계정이다.
② 장기선급비용: 선급비용 중 대차대조표 작성기준일인 회계연도말로부터 1년을 초과하여 용역을 제공받는 경우에 대차대조표에 표시하는 계정이다.
③ 장기미수금: 대차대조표 작성기준일인 회계연도말로부터 회수기간이 1년을 초과하는 미수금을 표시하는 계정이다.

IX. 유동부채

제14조(유동부채)
① '유동부채'란 회계연도 말부터 1년 이내에 상환 등을 통하여 소멸할 것으로 예상되는 부채를 말한다.
② 유동부채에는 단기차입금, 매입채무, 미지급법인세, 미지급비용, 미지급금, 선수금, 선수수익, 예수금과 유동성장기부채 등이 포함된다.

1. 유동부채의 정의

'유동부채'란 회계연도 말부터 1년 이내에 상환 등을 통하여 소멸할 것으로 예상되는 부채를 말한다. 부채는 유동부채와 비유동부채로 구분하여 표시한다.

2. 유동부채 계정과목의 예시

유동부채에는 단기차입금, 매입채무, 미지급법인세, 미지급비용, 미지급금, 선수금, 선수수익, 예수금과 유동성장기부채 등이 포함된다. 계정과목은 예시를 들어 제시한 것이다.

가. 단기차입금

금융회사 등으로부터 발생하는 당좌차월액과 1년내에 상환될 차입금을 회계처리하는 계정이다. 자금운용상 일시적인 차입금, 수출수입시 이용하는 무역금융 관련 차입금 등이 단기차입금이 될 수 있다. 주주·임원·종업원에 대한 단기차입금의 경우, 「주임종 단기차입금」으로 회계처리할 수 있다.

나. 매입채무

해당 기업의 주된 영업활동에 속하는 일반적 상거래에서 발생한 외상매입금과 지급어음으로 한다.

도매업의 상품매입시, 제조업의 원재료 매입시에 일반적으로 외상매입금의 계정으로 회계처리한다. 당해 외상매입금에 대하여 어음을 발행하여 지급하는 경우에는 지급어음으로 회계처리한다. 대차대조표를 작성하는 경우에는 외상매입금과 지급어음을 합계하여 매입채무로 표시한다.

다. 미지급법인세

법인세 등의 미지급액으로 한다. 재무상태표 작성일 현재 미지급된 법인세·농어촌특별세·법인세분 지방소득세를 회계처리하는 계정이다. 법인세부담액에서 중간예납·원천납부 등 기납부세액을 차감하고 회계처리한다.

라. 미지급금

해당 기업의 주된 영업활동에 속하지 않는 일반적 상거래 이외에서 발생한 채무(미지급비용을 제외한다)로 한다.

주로 지급기일이 도래하여 확정된 채무로서, 미지급상태인 일반적 상거래 이외에서 발생한 채무(자산취득 또는 비용발생)에 사용하는 계정이다.

> **회계처리 예시**
>
> ① 비품, 차량운반구 등을 외상으로 취득한 경우
>   (차) 비품(차량운반구)   ××   (대) 미지급금   ××
>
> ② 매월 말에 지급하기로 한 임차료를 기한경과시기에 지급하지 못한 경우
>   (차) 지급임차료   ××   (대) 미지급금   ××

마. 미지급비용

발생된 비용으로서 지급되지 아니한 것으로 한다.

① 자산취득시에는 미지급비용 계정을 사용하지 아니한다.
② 기간이 경과하여 비용이 발생한 상태에서 지급기일이 도래하지 아니하여, 미확정된 채무에 대하여 회계처리하는 계정이다.

> **회계처리 예시**
>
> ① 2025년 11월 1일부터 12월 31일까지 발생한 이자비용을 장부에 계상하였다. 이자의 지급시기는 2026년 1월 31일이다. 2025년 12월 31일에 다음과 같이 회계처리한다.
>   (차) 이자비용   ××   (대) 미지급비용   ××
>
> ② 2025년 6월 발생 예상전력비를 반기 결산시기에 비용으로 인식하였다. 당해 전력비는 2025년 7월 20일에 납부하는 것으로 가정한다. 2025년 6월 30일에 다음과 같이 회계처리한다.
>   (차) 전력비   ××   (대) 미지급비용   ××

바. 선수금

거래처로부터 상품·제품 및 수주공사 등 일반적 상거래에서 발생에서 것으로서 재화나 용역을 제공하기 전에 미리 그 대가를 선수한 금액을 회계처리하는 계정이다.

사. 선수수익

선수수익은 발생주의 회계상 결산시에 나타나는 기간미경과 용역의 대가이다. 선수이자, 선수임대료, 선수수수료 등이 선수수익에 해당한다.

아. 예수금

예수금은 일반적 상거래 이외에서 발생한 일시적 제예수액으로 한다. 예를 들면, 부가가치세 예수금, 소득세 등 원천징수세액의 예수금을 처리하는 계정이며, 근로자에게 급여지급시기에 건강보험·고용보험·국민연금 등을 근로자 부담분을 징수하였다가 납부하는 경우에 처리하는 계정이다. 부가가치세 예수금은 일반적으로 별도의 계정으로 사용하며, 회계처리의 편리를 위하여 예수금의 종류를 제세예수금과 일반 예수금으로 구분하여 사용하기도 한다.

회계처리 예시

① 급여지급시기에 소득세·지방소득세, 건강보험료·고용보험료·국민연금 등을 징수한 경우
   (차) 급여(임금 등)   ××   (대) 예 금   ××
                                           (대) 예수금   ××

② 예수금을 납부시기에 납부하는 경우
   (차) 예수금   ××   (대) 예 금   ××

자. 유동성장기부채

결산시기에 장기차입금 등 비유동부채 중 1년 내에 상환될 것을 재분류하는 계정이다.

회계처리 예시

2025년 12월 31일 결산시기에 상환일정을 확인한 결과 장기차입금과 사채 중에서 2026년 중에 상환하여야 할 금액이 장기차입금 5억원, 사채 2억원으로 확인되었다.

2025년 12월 31일에 다음과 같이 회계처리한다.
(차) 장기차입금   500,000,000   (대) 유동성장기부채   700,000,000
(차) 사 채   200,000,000

X.   비유동부채

제15조(비유동부채)
① '비유동부채'란 유동부채를 제외한 모든 부채를 말한다.
② 비유동부채에는 장기매입채무, 사채, 장기차입금과 퇴직급여충당부채 등이 포함된다.

1. 비유동부채의 범위

'비유동부채'란 유동부채를 제외한 모든 부채를 말한다. 유동부채로 분류되지 않는 모든 부채는 비유동부채에 포함시킨다.

2. 비유동부채 계정과목의 예시

비유동부채에는 장기매입채무, 사채, 장기차입금과 퇴직급여충당부채 등이 포함된다. 계정과목은 예시를 들어 제시한 것이다.

① 장기매입채무: 대차대조표 작성기준일인 회계연도말로부터 지급기한이 1년을 초과하는 매출채무를 표시하는 계정이다.
② 사채: 사채란 주식회사가 일반대중으로 부터 자금을 조달할 목적으로 회사채를 발행하고 부담하는 채무를 회계처리하는 계정이다.
③ 장기차입금: 대차대조표 작성기준일인 회계연도말로부터 상환기한이 1년을 초과하는 차입금을 표시하는 계정이다.
④ 퇴직급여충당부채: 회사의 임직원이 퇴직할 때에 퇴직금을 지급하기 위하여

수익비용대응주의에 근거하여 해당 임직원이 근무하는 기간 동안에 퇴직급여비용을 인식하고 충당부채를 인식하는 계정이다.

XI. 매입채무 등의 제거

> **제16조(매입채무 등의 제거)** 매입채무, 차입금, 사채 등이 소멸하거나 제3자에게 이전되는 경우, 그 부채를 대차대조표에서 제거하고 장부금액과 지급한 대가(양도한 비현금자산이나 부담한 부채를 포함한다)의 차액은 당기손익으로 인식한다.

1. 매입채무 등 부채의 제거

매입채무, 차입금, 사채 등이 채무의 상환, 채권자의 권리포기 등으로 소멸하거나 제3자에게 이전되는 경우, 그 부채를 대차대조표에서 제거한다.

2. 채무상환 등의 경우에 발생하는 차액의 당기손익 인식

부채를 상환하거나, 채권자의 채무면제 등으로 채무가 소멸되면서 지급한 대가가 부채의 장부금액과 차액이 발생하는 경우에는 해당 차액은 손익계산서에서 당기손익(영업외손익)으로 인식한다. [예 사채상환이익, 사채상환손실, 채무면제이익 등]

XII. 종업원 급여

> **제17조(종업원급여)**
> ① 종업원이 근무용역을 제공한 때 이에 대한 대가의 금액을 신뢰성 있게 측정할 수 있다면 급여로 인식하고, 이미 지급한 금액을 차감한 후 추가로 지급해야 하는 금액을 미지급비용으로 인식한다.

② 퇴직금제도의 경우 회계연도 말 현재 모든 종업원이 일시에 퇴직한다면 지급해야 할 퇴직일시금에 상당하는 금액을 퇴직급여충당부채로 인식한다.
③ 확정급여형퇴직연금제도의 경우 다음 각 호에 따라 회계처리한다.
  1. 회계연도 말 현재 모든 종업원이 일시에 퇴직한다면 지급해야 할 퇴직일시금에 상당하는 금액을 퇴직급여충당부채로 인식한다.
  2. 확정급여형퇴직연금제도에서 운용되는 자산은 하나로 통합하여 퇴직연금운용자산으로 표시한다.
  3. 퇴직연금운용자산은 퇴직급여충당부채의 차감계정으로 표시한다. 다만, 퇴직연금운용자산이 퇴직급여충당부채보다 큰 경우에는 그 초과액을 투자자산의 퇴직연금운용자산으로 표시한다.
④ 확정기여형퇴직연금제도의 경우 해당 회계연도에 대해 회사에서 납부해야 하는 부담금(기여금)을 퇴직급여로 인식하고, 회계연도 말 현재 아직 납부하지 않은 기여금은 미지급비용으로 인식한다.

1. 종업원 급여에 대한 미지급비용 인식

종업원이 근무용역을 제공한 때 이에 대한 대가의 금액을 신뢰성 있게 측정할 수 있다면 급여로 인식하고, 이미 지급한 금액을 차감한 후 추가로 지급해야 하는 금액을 미지급비용으로 인식한다. 결산시기에 발생된 급여로서 미지급된 금액은 미지급비용을 인식한다.

회계처리 예시

A회사는 매월 20일이 급여지급일 인데 12월 31일 결산을 하면서 12월 21일부터 12월 31일까지 발생한 급여에 대하여 다음과 같이 회계처리하였다.
(차) 급　여　　　　　××　　　　　(대) 미지급비용　　　　　××

2. 일시퇴직기준 퇴직급여추계액

퇴직금제도의 경우 회계연도 말 현재 모든 종업원이 일시에 퇴직한다면 지급해야 할 퇴직일시금에 상당하는 금액을 퇴직급여충당부채로 인식한다. 중소기업 회계기준은 일반기업회계기준과 같이 일시퇴직기준 퇴직급여추계액을 적용하도록 하고 있다. 이 경우 퇴직급여추계액은 다음의 방식으로 산출한다.

가. 퇴직급여지급규정이 구비되어 있는 경우

해당 기업에서 「퇴직급여지급규정」을 구비하고 있는 경우에는 해당 「퇴직급여지급규정」에 근거하여 퇴직급여추계액을 산출한다.

나. 퇴직급여지급규정이 구비되어 있지 않는 경우

해당 기업에서 「퇴직급여지급규정」을 구비하고 있지 않는 경우에는 근로자퇴직급여보장법을 적용한다. 근로자퇴직급여보장법 제8조 제1항에는 다음의 퇴직급여추계액 관련 규정을 두고 있다.

근로자퇴직급여 보장법 제8조[퇴직금제도의 설정 등]
퇴직금제도를 설정하려는 사용자는 계속근로기간 1년에 대하여 30일분 이상의 평균임금을 퇴직금으로 퇴직 근로자에게 지급할 수 있는 제도를 설정하여야 한다.

> 퇴직급여보장법상 퇴직급여추계액 = (30일 이상 평균임금) × (계속 근속연수)

상기 근로자퇴직급여보장법에서는 「계속근로기간 1년」이라는 요건을 규정하고 있으므로, 1년미만 근속자의 경우에는 해당 회사의 「퇴직급여지급규정」에서 별도규정(1년미만 근속자에게도 퇴직급여를 지급한다는 규정)을 두고 있어야 퇴직급여충당부채를 설정할 수 있다.

3. 평균임금과 통상임금

가. 평균임금

퇴직급여보장법에서 회사는 계속근로기간 1년에 대하여 30일분 이상의 평균임금을 퇴직금으로 퇴직 근로자에게 지급할 수 있는 제도를 설정하도록 규정하고 있다.

① "평균임금"이란 이를 산정하여야 할 사유가 발생한 날 이전 3개월 동안에 그 근로자에게 지급된 임금의 총액을 그 기간의 총일수로 나눈 금액을 말한다[근로기준법2].
이 경우, 임금의 총액을 계산할 때에는 임시로 지급된 임금 및 수당과 통화 외의 것으로 지급된 임금을 포함하지 아니한다. 다만, 고용노동부장관이 정하는 것은 그러하지 아니하다[근로기준법 시행령 2].
② 상기 ①의 방식에 따라 산출된 금액이 그 근로자의 통상임금보다 적으면 그 통상임금액을 평균임금으로 한다[근로기준법2 ②].

나. 통상임금

"통상임금"이란 근로자에게 정기적이고 일률적으로 소정(所定)근로 또는 총 근로에 대하여 지급하기로 정한 시간급 금액, 일급 금액, 주급 금액, 월급 금액 또는 도급 금액을 말한다[근로기준법 시행령 6].

4. 근로자퇴직급여 보장법상의 퇴직급여제도의 확인

근로자퇴직급여보장법에서는 퇴직급여제도에 대하여 다음과 같은 규정을 두고 있다.

가. 퇴직급여제도 개념정의

① "퇴직급여제도"란 확정급여형퇴직연금제도, 확정기여형퇴직연금제도, 중소기업퇴직연금기금제도 및 근로자퇴직급여보장법 제8조에 따른 퇴직금제도를 말한다.
② "퇴직연금제도"란 확정급여형퇴직연금제도, 확정기여형퇴직연금제도 및 개인형퇴직연금제도를 말한다.
③ "확정급여형퇴직연금제도"란 근로자가 받을 급여의 수준이 사전에 결정되어 있는 퇴직연금제도를 말한다.

④ "확정기여형퇴직연금제도"란 급여의 지급을 위하여 사용자가 부담하여야 할 부담금의 수준이 사전에 결정되어 있는 퇴직연금제도를 말한다.
⑤ "개인형퇴직연금제도"란 가입자의 선택에 따라 가입자가 납입한 일시금이나 사용자 또는 가입자가 납입한 부담금을 적립·운용하기 위하여 설정한 퇴직연금제도로서 급여의 수준이나 부담금의 수준이 확정되지 아니한 퇴직연금제도를 말한다.

나. 근로자퇴직급여 보장법상 퇴직급여제도의 설정

회사는 퇴직하는 근로자에게 급여를 지급하기 위하여 **퇴직급여제도 중 하나 이상의 제도**를 설정하여야 한다. 다만, 계속근로기간이 1년 미만인 근로자, 4주간을 평균하여 1주간의 소정근로시간이 15시간 미만인 근로자에 대하여는 그러하지 아니하다.

회사가 퇴직급여제도를 설정하거나 설정된 퇴직급여제도를 다른 종류의 퇴직급여제도로 변경하려는 경우에는 근로자의 과반수가 가입한 노동조합이 있는 경우에는 그 노동조합, 근로자의 과반수가 가입한 노동조합이 없는 경우에는 근로자 과반수의 동의를 받아야 한다.

5. 확정급여형 퇴직연금제도와 확정기여형 퇴직연금제도의 비교

가. 퇴직연금제도의 비교

확정급여형 퇴직연금제도와 확정기여형 퇴직연금제도를 비교하는 [표]를 작성하면 다음과 같다.

구 분	확정급여형 퇴직연금제도	확정기여형 퇴직연금제도
주요 내용	근로자의 퇴직연금급여 수준이 사전에 결정되고, 기업이 적립금 운용실적의 책임을 부담한다.	기업의 퇴직급여 부담금 수준이 사전에 결정되고, 근로자가 적립금 운용실적에 대하여 책임을 진다.
기업의 부담금	적립금 운용실적에 따라 변동가능	기업의 부담금 확정(연간 임금의 1/12 이상), 근로자 추가납입가능[퇴직급여보장법 제20조]
퇴직급여	(근속연수 × 30일분 평균임금 이상)으로 확정	적립금 운용실적에 따라 차이가 있음

나. 확정급여형 퇴직연금제도에서의 급여지급능력의 확보

확정급여형퇴직연금제도를 설정한 사용자는 급여 지급능력을 확보하기 위하여 매 사업연도 말 다음에 해당하는 금액 중 더 큰 금액("기준책임준비금")에 100% 이상으로 일정비율을 곱하여 산출한 금액("최소적립금") 이상을 적립금으로 적립하여야 한다.

① 보험수리적 기준 퇴직급여: 매 사업연도 말일 현재를 기준으로 산정한 가입자의 예상 퇴직시점까지의 가입기간에 대한 급여에 드는 비용 예상액의 현재가치에서 장래 근무기간분에 대하여 발생하는 부담금 수입 예상액의 현재가치를 뺀 금액으로서「고용노동부령으로 정하는 방법」에 따라 산정한 금액
   [주]: ①에서「고용노동부령으로 정하는 방법」이란 예상이율, 예상임금상승률, 예상퇴직률, 예상사망률 등을 사용하여 예상 퇴직시점의 급여를 산출하고 이를 예상 가입기간 단위로 배분하여 할당하는 방법을 말한다.

② 일시퇴직기준 퇴직급여: 가입자와 가입자였던 사람의 해당 사업연도 말일까지의 가입기간에 대한 급여에 드는 비용 예상액을 고용노동부령으로 정하는 방법에 따라 산정한 금액
   [주]: ②에서「고용노동부령으로 정하는 방법」이란 해당 가입자의 가입기간에 대하여 계속근로기간 1년에 대하여 30일분의 평균임금의 급여수준을 곱하여 예상급여를 산출한 후 가입자별 예상급여를 합하는 방법을 말한다.

다. 확정급여형 퇴직연금제도에서 최소적립금액 수준

확정급여형 퇴직연금제도에서 급여지급능력을 확보하기 위하여 외부에 적립하는 기준책임준비금 대비 적립금 비율로 다음의 구분에 따른다. 즉,「보험수리적 기준 퇴직급여」와「일시퇴직기준 퇴직급여」중 보다 더 큰 금액에 다음의 비율 이상을 일정비율을 곱한 금액을 외부에 적립하여야 한다.

① 2018년 1월 1일부터 2018년 12월 31일까지의 기간: 100분의 80
② 2019년 1월 1일부터 2021년 12월 31일까지의 기간: 100분의 90
③ 2022년 1월 1일 이후: 100분의 100

라. 확정기여형 퇴직연금제도에서 회사의 부담금 수준

① 사용자(회사)부담금: 확정기여형퇴직연금제도를 설정한 사용자는 가입자의 연간 임금총액의 12분의 1 이상에 해당하는 부담금을 현금으로 가입자의 확정기여형퇴직연금제도 계정에 납입하여야 한다.
② 가입자 개인부담금: 근로자는 사용자(회사)가 부담하는 부담금 외에 근로자의 개인형 퇴직연금계좌(IRP)를 통해서 추가로 납입할 수 있다.

6. 확정급여형 퇴직연금제도에서의 회계처리

확정급여형퇴직연금제도의 경우 다음에 따라 회계처리한다.

가. 일시퇴직기준 퇴직급여충당부채의 인식

회계연도 말 현재 모든 종업원이 일시에 퇴직한다면 지급해야 할 퇴직일시금에 상당하는 금액을 퇴직급여충당부채로 인식한다.

나. 외부적립금액의 퇴직연금운용자산 회계처리

① 확정급여형퇴직연금제도에서 운용되는 자산은 하나로 통합하여 퇴직연금운용자산으로 표시한다.
② 퇴직연금운용자산은 퇴직급여충당부채의 차감계정으로 표시한다. 다만, 퇴직연금운용자산이 퇴직급여충당부채보다 큰 경우에는 그 초과액을 투자자산의 퇴직연금운용자산으로 표시한다.

┃ 확정급여형 퇴직연금제도의 회계처리 ┃

구 분	회계처리 내용
퇴직연금 외부적립시 회계처리	(차) 퇴직연금운용자산　××　　　(대) 현금및현금성자산　××

구 분		회계처리 내용
퇴직급여 충당부채 관련회계처리	퇴직전	(차) 퇴직급여 ×× (대) 퇴직급여충당부채 ××
	퇴직후	(차) 퇴직급여충당부채 ×× (대) 퇴직연금미지급금 ××
	퇴직후 외부적립	(차) 퇴직급여충당부채 ×× (대) 퇴직연금운용자산 ×× (차) 퇴직급여충당부채 ×× (대) 현금및현금성자산 ××

7. 확정기여형 퇴직연금제도에서의 회계처리

확정기여형 퇴직연금제도의 경우 해당 회계연도에 대해 회사에서 납부해야 하는 부담금(기여금)을 퇴직급여로 인식하고, 회계연도 말 현재 아직 납부하지 않은 기여금은 미지급비용으로 인식한다.

❙ 확정기여형 퇴직연금제도의 회계처리 ❙

구 분		회계처리 내용
퇴직연금 외부적립 관련 회계처리	퇴직연금 지급시	(차) 퇴직급여 ×× (대) 현금및현금성자산 ××
	퇴직연금 미지급시	(차) 퇴직급여 ×× (대) 미지급비용 ××
퇴직급여충당부채 관련회계처리		근로자가 직접 관리하는 것이므로 확정기여형으로 가입된 부분에 대해서는 회사에서 충당부채로 관리하지 않음

XIII. 그 밖의 충당부채

제18조(그 밖의 충당부채)
① 타인의 채무 등에 관한 보증, 계류 중인 소송사건, 하자보수 약정 등은 지출의 시기 또는 금액이 확실하지 않더라도 제6조 제3항 제2호 부채의 정의와 같은 조 제4항 제2호 부채의 인식조건을 모두 충족한다면 충당부채를 인식한다.

> ② 충당부채로 인식하는 금액은 현재의무의 이행에 소요되는 지출에 대해 회계연도 말 현재 관련된 사건과 상황에 대한 불확실성을 고려한 최선의 추정치이다.
> ③ 상황이 달라져서 더 이상 제1항의 충당부채의 인식 조건을 충족하지 아니하게 되면, 관련 충당부채는 환입하여 당기에 이익으로 인식한다.

1. 충당부채의 인식조건

충당부채는 다음의 부채의 정의와 부채의 인식조건을 모두 충족한다면 충당부채를 인식한다.

가. 부채의 정의

'부채'란 과거의 거래나 사건의 결과로 현재 회사가 부담하고 있고 미래에 자원이 유출되거나 사용될 것으로 예상되는 의무를 말한다.

나. 부채의 인식조건

부채는 해당 의무를 이행하기 위하여 경제적 자원이 유출될 가능성이 매우 높고, 의무의 이행에 소요되는 금액을 신뢰성 있게 측정할 수 있어야 한다.

2. 충당부채 인식금액의 측정

충당부채로 인식하는 금액은 현재의무의 이행에 소요되는 지출에 대해 회계연도 말 현재 관련된 사건과 상황에 대한 불확실성을 고려한 최선의 추정치이다.

3. 충당부채의 환입시 회계처리

상황이 달라져서 더 이상 충당부채의 인식 조건을 충족하지 아니하게 되면, 관련 충당부채는 환입하여 당기에 이익으로 인식한다.

XIV. 자본금

> **제19조(자본금)** '자본금'이란 상법 제451조에 따른 자본금을 말한다.

상법 제451조[자본금] 규정을 검토하면 다음과 같다.

1. 액면주식 발행시의 자본금

회사의 자본금은 상법에서 달리 규정한 경우 외에는 발행주식의 액면총액으로 한다. 일반기업회계기준에서는 자본금은 보통주자본금과 우선주자본금으로 구분하여 표시하도록 하고 있다[문단2.36]. 중소기업회계기준에서도 자본금을 보통주자본금과 우선주자본금으로 구분하여 표시하는 것이 적절할 것이다.

2. 무액면주식 발행시의 자본금

회사가 무액면주식을 발행하는 경우 회사의 자본금은 주식 발행가액의 2분의 1 이상의 금액으로서 이사회(법령 또는 정관으로 주주총회에서 결정하기로 정한 주식발행의 경우에는 주주총회를 말한다)에서 자본금으로 계상하기로 한 금액의 총액으로 한다. 이 경우 주식의 발행가액 중 자본금으로 계상하지 아니하는 금액은 자본준비금으로 계상하여야 한다.

3. 액면주식과 무액면주식간의 전환불가

회사의 자본금은 액면주식을 무액면주식으로 전환하거나 무액면주식을 액면주식으로 전환함으로써 변경할 수 없다.

XV. 자본잉여금

> **제20조(자본잉여금)**
> ① '자본잉여금'이란 주주와의 자본거래에서 발생하여 자본을 증가시키는 잉여금을 말한다.
> ② 자본잉여금에는 주식발행초과금, 자기주식처분이익과 감자차익 등이 포함된다.

1. 자본잉여금의 정의

'자본잉여금'이란 주주와의 자본거래에서 발생하여 자본을 증가시키는 잉여금을 말한다.

2. 자본잉여금 계정과목의 예시

자본잉여금에는 주식발행초과금, 자기주식처분이익과 감자차익 등이 포함된다.

① 주식발행초과금: 주식발행초과금은 액면금액 이상으로 주식을 발행한 경우 그 액면금액을 초과한 금액을 의미하며, 무액면주식의 경우에는 발행가액 중 자본금으로 계상한 금액을 초과하는 금액을 말한다.
② 자기주식처분이익: 회사가 자기주식을 취득했다가 매각하면서 발생하는 양도차익을 자기주식처분이익이라고 한다.
③ 감자차익: 자본감소의 경우에 그 자본금의 감소액이 주식의 소각, 주금의 반환에 요한 금액과 결손의 보전에 충당한 금액을 초과한 때에 그 초과금액으로 한다.

XVI. 자본조정

> **제21조(자본조정)**
> ① '자본조정'이란 자본거래에 해당하지만 자본금 또는 자본잉여금으로 분류할 수 없는 항목과 당기에 손익으로 인식되지 않은 평가차손익의 누계액을 말한다.
> ② 자본조정에는 자기주식, 주식할인발행차금, 감자차손, 자기주식처분손실, 해외사업환산손익 등이 포함된다.

1. 자본조정의 정의

'자본조정'이란 자본거래에 해당하지만 자본금 또는 자본잉여금으로 분류할 수 없는 항목과 당기에 손익으로 인식되지 않은 평가차손익의 누계액을 말한다.

2. 자본조정 계정과목의 예시

자본조정에는 자기주식, 주식할인발행차금, 감자차손, 자기주식처분손실, 해외사업환산손익 등이 포함된다.

① 자기주식: 회사가 취득한 자기회사의 주식을 의미한다. 주식발행기업이 매입 등을 통하여 취득하는 자기주식은 취득원가를 자기주식의 과목으로 하여 자본조정으로 회계처리한다.
② 주식할인발행차금: 주식발행가액이 액면가액에 미달하는 경우 그 미달하는 금액을 주식할인발행차금으로 으로 회계처리 한다. 주식할인발행차금은 주식발행초과금과 우선 상계하고 남는 금액을 자본조정으로 처리한다.
③ 감자차손: 자본을 감소하면서, 주주에게 지급한 금액이 그 자본금의 감소액을 초과하는 경우에 감자차손이 발생한다. 감자차손은 감자차익과 우선적으로 상계하고 남는 금액을 자본조정으로 처리한다.
④ 자기주식처분손실: 회사가 자기주식을 취득했다가 매각하면서 발생하는 양도차손을 자기주식처분손실이라고 한다. 자기주식처분손실은 자기주식처분이

익과 우선적으로 상계하고 남는 금액을 자본조정으로 처리한다.
⑤ 해외사업환산손익: 해외 사업장의 외화표시재무제표를 원화표시 재무제표로 환산하는 과정에서 발생하는 환산손익을 해외사업환산손익으로 회계처리하고 자본조정으로 분류한다.

XVII. 이익잉여금 또는 결손금

> **제22조(이익잉여금 또는 결손금)** 이익잉여금(또는 결손금)이란 손익계산서에 보고된 손익에 다른 자본항목에서 이입된 금액을 가산한 금액에서 주주에 대한 배당, 자본금 전입과 자본조정 항목의 상각 등으로 처분된 금액을 차감한 잔액을 말한다.

1. 이익잉여금(또는 결손금)의 정의

이익잉여금(또는 결손금)이란 손익계산서에 보고된 손익에 다른 자본항목에서 이입된 금액을 가산한 금액에서 주주에 대한 배당, 자본금 전입과 자본조정 항목의 상각 등으로 처분된 금액을 차감한 잔액을 말한다.

2. 이익잉여금 관련된 회계처리의 예시

이익잉여금 등과 관련된 회계처리를 분개로 예시하고자 한다.

가. 다른 자본항목에서 이입되는 경우

회계처리 예시

기업이 보유하고 있던 기업합리화적립금을 이익잉여금으로 이입하는 경우에 다음과 같이 회계처리한다.

(차) 기업합리화적립금　　　　××　　　　(대) 이익잉여금　　　　××

나. 주주에 대한 현금배당금 지급을 결정하고, 배당금을 지급하는 경우

회계처리 예시

주주총회에서 주주에 대한 현금배당을 결정하는 경우에 다음과 같이 회계처리한다.
(차) 이익잉여금　　　　　　　××　　(대) 미지급배당금　　　　　××

회계처리 예시

미지급배당금을 주주에게 지급하는 경우에 다음과 같이 회계처리한다.
(차) 미지급배당금　　　　　××　　(대) 보통예금 등　　　　　××

[주] 배당금을 지급하는 시기에 주주가 내국법인인 경우에는 원천징수를 하지 않지만, 내국법인이 아닌 경우에는 소득세와 지방소득세를 원천징수하고 지급한다.

다. 주주에 대한 주식배당금 지급을 결정하고, 주식배당을 지급하는 경우

회계처리 예시

주주총회에서 주주에 대한 주식배당을 결정하는 경우에 다음과 같이 회계처리한다.
(차) 이익잉여금　　　　　　　××　　(대) 미교부주식배당금　　　××

회계처리 예시

실제로 주주에게 주식으로 배당금을 지급하는 경우에 다음과 같이 회계처리한다.
(차) 미교부주식배당금　　　××　　(대) 자본금　　　　　　　　××

[주] 주식배당은 의제배당에 해당하므로 주식배당을 지급받는 주주에게는 소득을 구성한다.

라. 이익준비금 또는 자본준비금을 자본금으로 전입하는 경우

회계처리 예시

이익준비금을 자본전입하면서 주주에게 무상증자에 의한 주식을 발행하였다.
(차) 이익준비금　　　　　　　××　　(대) 자본금　　　　　　　　××

> **회계처리 예시**
>
> 주식발행초과금을 자본전입하면서 주주에게 무상증자에 의한 주식을 발행하였다.
> (차) 주식발행초과금　　　　××　　　　(대) 자본금　　　　××

마. 이익잉여금이 자본조정 항목의 상각 등으로 처리된 경우

> **회계처리 예시**
>
> 주식할인발행차금을 이익잉여금으로 상각하는 경우에 다음과 같이 회계처리한다.
> (차) 이익잉여금　　　　××　　　　(대) 주식할인발행차금　　　　××

바. 주주의 주식을 자기주식으로 취득하여 이익소각을 실시한 경우

> **회계처리 예시**
>
> 주주로부터 자기주식을 취득하는 경우에 다음과 같이 회계처리한다.
> (차) 자기주식　　　　××　　　　(대) 보통예금 등　　　　××

> **회계처리 예시**
>
> 취득한 자기주식을 이익으로 소각하는 경우에 다음과 같이 회계처리한다.
> (차) 이익잉여금　　　　××　　　　(대) 자기주식　　　　××

제3장

손익계산서

제23조(손익계산서 작성기준)

① 손익계산서는 한 회계연도의 회사의 경영성과에 대한 정보를 제공하는 재무보고서이다.

② 손익계산서에는 그 회계연도에 속하는 모든 수익과 이에 대응하는 모든 비용을 적정하게 표시한다.

③ 손익계산서는 다음 각 호에 따라 작성한다. [별지 제2호 서식 참조]

　1. 모든 수익과 비용은 그것이 발생한 회계연도에 배분되도록 회계처리한다. 이 경우 발생한 원가가 자산으로 인식되는 경우를 제외하고는 비용으로 인식한다.

　2. 수익과 비용은 그 발생 원천에 따라 명확하게 분류하고, 수익항목과 이에 관련되는 비용항목은 대응하여 표시한다.

　3. 수익과 비용은 총액으로 표시하는 것을 원칙으로 한다. 다만, 이 기준에서 수익과 비용을 상계하도록 요구하는 경우에는 상계하여 표시하고, 허용하는 경우에는 수익과 비용을 상계하여 표시할 수 있다.

　4. 손익계산서는 다음 각 목과 같이 구분하여 표시한다. 다만, 제조업, 판매업 및 건설업 외의 회사는 매출총이익(또는 손실)을 구분하여 표시하지 아니할 수 있다.

　　가. 매출액
　　나. 매출원가
　　다. 매출총이익(또는 손실)

라. 판매비와 관리비
마. 영업이익(또는 손실)
바. 영업외수익
사. 영업외비용
아. 법인세비용차감전순이익(또는 손실)
자. 법인세비용
차. 당기순이익(또는 손실)

I. 손익계산서 정의와 작성기준

1. 손익계산서의 정의와 보고기간

가. 손익계산서의 정의

손익계산서는 한 회계연도의 회사의 경영성과에 대한 정보를 제공하는 재무보고서이다.

나. 수익비용 대응주의 적용

손익계산서에는 그 회계연도에 속하는 모든 수익과 이에 대응하는 모든 비용을 적정하게 표시한다. 해당 보고기간에 속하는 모든 수익을 보고하고, 수익에 대응하는 모든 비용을 직접·간접적으로 적정하게 대응하여 표시하는 방식으로 작성한다.

다. 손익계산서 보고기간(회계연도)

손익계산서는 보고기간을 기준으로 수익과 비용을 집계하여 보고한다. 예를 들어 회계연도가 1월 1일부터 12월 31일까지인 경우에, 손익계산서는 1월 1일부터 12월 31일까지의 회계연도에 속하는 모든 수익과 이에 대응하는 모든 비용을 적정하게 표시한다.

반기 재무보고서인 경우에는 1월 1일부터 6월 30일까지의 경영성과를 표시하고, 분기 재무보고서인 경우에는 매분기의 경영성과에 재무정보를 제공한다. 물론, 특정 월의 경영성과를 보고하기 위하여 월단위의 손익계산서를 작성할 수도 있다. 따라서 손익계산서에는 보고기간을 반드시 제시하여야 한다.

2. 손익계산서의 작성기준

손익계산서는 다음의 방식에 따라 작성한다.

가. 발생주의 회계 적용

모든 수익과 비용은 그것이 발생한 회계연도에 배분되도록 회계처리한다. 이 경우 발생한 원가가 자산으로 인식되는 경우를 제외하고는 비용으로 인식한다.

나. 수익비용의 발생원천별 분류와 수익비용대응주의 적용

수익과 비용은 그 발생 원천에 따라 명확하게 분류하고, 수익항목과 이에 관련되는 비용항목은 대응하여 표시한다.

다. 수익·비용의 총액주의 표시

수익과 비용은 총액으로 표시하는 것을 원칙으로 한다. 다만, 중소기업회계기준에서 수익과 비용을 상계하도록 요구하는 경우에는 상계하여 표시하고, 허용하는 경우에는 수익과 비용을 상계하여 표시할 수 있다.

라. 손익계산서의 수익·비용 구분표시

손익계산서는 다음 각 목과 같이 구분하여 표시한다. 다만, 제조업, 판매업 및 건설업 외의 회사는 매출총이익(또는 손실)을 구분하여 표시하지 아니할 수 있다.

가. 매출액
나. 매출원가
다. 매출총이익(또는 손실)

라. 판매비와 관리비
마. 영업이익(또는 손실)
바. 영업외수익
사. 영업외비용
아. 법인세비용차감전순이익(또는 손실)
자. 법인세비용
차. 당기순이익(또는 손실)

손익계산서의 경영성과를 상기 내용과 같이 구분하여 표시하도록 하는 이유는 영업활동의 경영성과와 영업외활동의 경영성과 등을 구분하여 표시하도록 하여 재무정보의 유용성을 높이기 위한 것이다.

중소기업회계기준의 손익계산서에서는 중단사업손익을 별도 구분하여 표시하지 아니한다.

제조업, 판매업 및 건설업 외의 회사는 매출원가를 별도로 표시하지 아니하고, 매출액에서 판매관리비를 차감하여 영업손익을 산출할 수도 있다. 예를 들어 물류유통업 등의 경우, 매출원가의 집계가 어려운 경우, 매출원가를 별도로 집계하지 않을 수 있다는 의미이다.

II. 수익의 인식시점

제24조(수익의 인식 시점)
① 재화를 판매하거나 용역을 제공하고 이에 대한 대가를 받을 권리를 갖게 되었을 때 수익을 인식한다. 다만, 회수기간이 1년 이상인 할부매출은 할부금회수기일에 수익을 인식할 수 있다.
② 용역 제공과 건설형 공사계약의 경우, 진행률과 이미 발생한 원가와 거래를 완료하기 위하여 투입해야 할 원가를 신뢰성 있게 측정할 수 있다면 대가를 받을 권리를

> 갖게 된 것으로 보아 진행률에 따라 용역이 제공되거나 공사 또는 제작이 진행되는 회계연도에 걸쳐 수익을 인식한다. 다만, 1년 내에 완료·완성되는 용역 및 건설형 공사계약은 각각 용역 제공을 완료한 날과 공사 또는 제작을 완성한 날에 수익을 인식할 수 있다.
> ③ 이자수익과 배당금수익은 다음 각 호에 따라 인식한다. 다만, 각 회계연도의 손익에 미치는 영향이 중요하지 않다면 실제로 현금을 받은 시점에 수익을 인식할 수 있다.
>   1. 이자수익: 유효이자율법이나 정액법을 적용하여 기간의 경과에 따라 인식한다.
>   2. 배당금수익: 배당금을 받을 권리와 금액이 확정되는 시점에 인식한다.

1. 수익인식 시점의 의미

수익의 인식이란 손익계산서에 수익으로 표시하는 것을 의미하므로, 「수익인식시점」이란 어느 시기에 매출 등 수익을 장부에 반영할 것인가와 관련된 기준시점을 의미한다. 이것은 법인세법의 손익귀속사업연도 및 부가가치세법의 거래시기와 관련된 것으로 중요한 의미를 갖는다. 「수익인식요건」이란 장부에 매출 등 수익으로 반영하는 요건을 의미한다.

2. 재화의 판매 및 용역제공에 대한 수익인식시점

가. 발생주의 및 권리 확정의 개념 적용

재화를 판매하거나 용역을 제공하고 이에 대한 대가를 받을 권리를 갖게 되었을 때 수익을 인식한다. 즉, 재화의 판매나 용역제공에 대하여 발생주의를 적용하되, 대가를 받을 권리가 확정되는 때에 수익을 인식하도록 하고 있는 것이다.

나. 장기할부매출인 경우에 회수기일 도래기준 가능

상기 원칙적인 규정에 불구하고, 회수기간이 1년 이상인 할부매출은 할부금회수기일에 수익을 인식할 수 있다.

3. 용역제공 및 건설형 공사계약의 경우: 진행기준 적용

용역 제공과 건설형 공사계약의 경우, 진행률과 이미 발생한 원가와 거래를 완료하기 위하여 투입해야 할 원가를 신뢰성 있게 측정할 수 있다면 대가를 받을 권리를 갖게 된 것으로 보아 진행률에 따라 용역이 제공되거나 공사 또는 제작이 진행되는 회계연도에 걸쳐 수익을 인식한다. 다만, 1년 내에 완료·완성되는 용역 및 건설형 공사계약은 각각 용역 제공을 완료한 날과 공사 또는 제작을 완성한 날에 수익을 인식할 수 있다.

[주]: 용역 제공과 건설형 공사계약의 경우, 진행기준이 원칙이지만 단기용역제공인 경우에는 완료기준을 적용할 수 있도록 하고 있다.

4. 이자수익과 배당금 수익의 수익인식시점

이자수익과 배당금수익은 다음 각각에 따라 인식한다. 다만, 각 회계연도의 손익에 미치는 영향이 중요하지 않다면 실제로 현금을 받은 시점에 수익을 인식할 수 있다.

가. 이자수익의 수익인식

이자수익은 유효이자율법이나 정액법을 적용하여 기간의 경과에 따라 인식한다.

[주]: 이자수익을 인식하는 현재가치할인차금 등에 대하여 유효이자율법 뿐만아니라 정액법도 인정하고 있다.

나. 배당금 수익인식: [권리확정 기준]

배당금수익은 배당금을 받을 권리와 금액이 확정되는 시점에 인식한다. 이익잉여금 처분에 의한 배당금은 주주총회에서 잉여금 처분결의를 하는 경우에 확정된다.

다. 이자수익 및 배당금 수익에 대한 현금주의 적용가능

이자수익 및 배당금 수익에 대하여 상기 수익인식기준을 적용하지만, 각 회계연도의 손익에 미치는 영향이 중요하지 않다면 실제로 현금을 받은 시점에 수익을 인식할 수 있다.

III. 수익의 측정과 매출액

제25조(수익의 측정) 수익은 재화를 판매하거나, 용역을 제공하거나, 자산을 사용하게 하여 받았거나 받을 대가로 측정하고, 매출에누리, 매출할인과 매출환입은 수익에서 차감한다.

제26조(매출액) '매출액'이란 회사의 주된 영업활동에서 발생한 제품, 상품 또는 용역 등의 총매출액에서 매출에누리, 매출할인과 매출환입을 차감한 금액을 말한다. 이 경우 일정 기간의 거래수량 또는 거래금액에 따라 매출액을 실질적으로 감소시키는 것은 매출에누리에 포함한다.

1. 수익의 측정기준

수익은 재화를 판매하거나, 용역을 제공하거나, 자산을 사용하게 하여 받았거나 받을 대가로 측정하고, 매출에누리, 매출할인과 매출환입은 수익에서 차감한다.

2. 매출에누리, 매출환입, 매출할인 등에 대한 처리

매출에누리, 매출할인과 매출환입, 판매장려금 등에 대한 회계 및 세무처리를 세법과 비교하여 확인하면 다음과 같다.

항목 구분		중소기업회계기준	법인세법	부가가치세법
매출에누리와 매출환입		매출액에서 차감	수입금액에서 차감	과세표준에서 공제함
매 출 할 인		매출액에서 차감	수입금액에서 차감	과세표준에서 공제
판매장려금	① 일정기간의 거래수량이나 거래금액에 따라 매출액을 감액하는 것	매출액에서 감액	수입금액에서 차감	과세표준에서 불공제
	② 그 외의 경우	판매부대비용처리	판매부대비용	과세표준에서 불공제 [현물지급시: 추가과세]

IV. 매출원가와 매출총손익

제27조(매출원가)
① '매출원가'란 제품, 상품 또는 용역 등의 매출액에 직접 대응되는 원가를 말한다.
② 재고자산의 순실현가능가치(일상적인 사업과정의 추정판매가격에서 판매할 때까지 발생하는 추정원가를 차감한 금액을 말한다. 이하 같다)가 장부금액보다 하락하여 발생한 평가손실은 매출원가에 가산한다.
③ 재고자산의 평가손실환입은 최초 장부금액을 초과하지 않는 범위로 한정하고, 매출원가에서 차감한다.
④ 재고자산의 장부 수량과 실제 수량의 차이에서 발생하는 재고자산감모손실 가운데 정상적으로 발생한 부분은 매출원가에 가산한다.
제28조(매출총이익) 매출총이익(또는 손실)은 매출액에서 매출원가를 차감하여 산출한다.

1. 매출원가: [수익비용의 직접 대응]

'매출원가'란 제품, 상품 또는 용역 등의 매출액에 직접 대응되는 원가를 말한다.

매출원가는 수익과 비용의 직접 대응주의로 집계한다. 특정 수익을 인식하는 시기에 대응되는 매출원가를 비용으로 인식하는 것이다.

2. 재고자산의 평가

가. 재고자산 평가손실의 처리

재고자산의 순실현가능가치(일상적인 사업과정의 추정판매가격에서 판매할 때까지 발생하는 추정원가를 차감한 금액을 말한다)가 장부금액보다 하락하여 발생한 평가손실은 매출원가에 가산한다.

[주]: 재고자산의 단가하락에 따른 평가손실은 매출원가에 가산하고, 재고자산평가충당금을 인식하여 재고자산 각 항목의 차감계정으로 대차대조표에 표시한다.

나. 재고자산 평가충당금의 환입

평가손실을 인식한 재고자산의 순실현가능가치가 회복(상승)하는 경우, 재고자산평가충당금을 환입하는 회계처리를 하는데, 재고자산의 평가손실환입은 최초 장부금액을 초과하지 않는 범위로 한정하고, 매출원가에서 차감한다.

3. 재고자산의 수량차이 발생

재고자산의 장부 수량과 실제 수량의 차이에서 발생하는 재고자산감모손실 가운데 정상적으로 발생한 부분은 매출원가에 가산한다. 재고자산감모손실을 구분하여 확인하면 다음과 같다.

가. 정상적인 재고감모: [매출원가로 처리]

재고자산의 장부 수량과 실제 수량의 차이에서 발생하는 재고자산감모손실 가운데 정상적으로 발생한 부분은 매출원가에 가산한다.

> **회계처리 예시**
>
> 정상적인 범위내의 재고감모손실은 다음과 같이 회계처리한다.
> (차) 매출원가　　　　　××　　　(대) 재고자산(상품 등)　　　××

나. 비정상적인 재고감모: [영업외비용으로 처리]

재고자산의 장부 수량과 실제 수량의 차이에서 발생하는 재고자산감모손실 중 비정상적으로 발생한 부분은 매출원가로 분류하지 않고 영업외비용으로 처리한다.

> **회계처리 예시**
>
> 비정상적인 범위로 발생한 재고감모손실은 다음과 같이 회계처리한다.
> (차) 재고감모손실　　　××　　　(대) 재고자산(상품 등)　　　××

4. 매출총손익의 표시

매출총이익(또는 손실)은 매출액에서 매출원가를 차감하여 산출한다.

V. 판매비와 관리비 및 영업이익

제29조(판매비와 관리비)
① '판매비와 관리비'란 제품, 상품 또는 용역 등의 판매활동과 회사의 관리활동에서 발생하는 비용을 말하며, 매출원가에 속하지 아니하는 모든 영업비용이 포함된다.
② 판매비와 관리비에는 급여, 퇴직급여, 복리후생비, 임차료, 접대비, 감가상각비, 무형자산상각비, 세금과공과, 광고선전비, 연구비, 경상개발비와 대손상각비 등이 포함된다.
③ 영업활동과 관련된 비용이 감소하여 발생하는 퇴직급여충당부채환입과 대손충당금환입 등은 판매비와 관리비의 부(-)의 금액으로 표시한다.
④ 연구단계와 개발단계에서 발생한 지출은 발생한 회계연도에 판매비와 관리비로 인식한다. 다만, 개발단계에서 발생한 지출이 제6조 제3항 제1호 자산의 정의와, 같은 조 제4항 제1호 자산의 인식 조건을 모두 충족한다면 무형자산의 개발비로 인식한다.
제30조(영업이익) 영업이익(또는 손실)은 매출총이익(또는 손실)에서 판매비와 관리비를 차감하여 산출한다.

1. 판매비와 관리비의 범위

'판매비와 관리비'란 제품, 상품 또는 용역 등의 판매활동과 회사의 관리활동에서 발생하는 비용을 말하며, 매출원가에 속하지 아니하는 모든 영업비용이 포함된다. 영업비용 중 매출원가로서 매출액에 직접 대응되지 않는 모든 비용을 「판매비와 관리비」로 집계한다.

2. 판매비와 관리비 계정과목의 예시

판매비와 관리비에는 급여, 퇴직급여, 복리후생비, 임차료, 접대비, 감가상각비, 무형자산상각비, 세금과공과, 광고선전비, 연구비, 경상개발비와 대손상각비 등이 포함된다. 이것은 계정과목을 예시하여 제시한 것이다. 매출원가로 분류되지 않는 모든 영업비용은 적절한 계정과목으로 「판매비와 관리비」로 분류한다.

3. 퇴직급여충당부채환입액과 대손충당금 환입액의 처리

영업활동과 관련된 비용이 감소하여 발생하는 퇴직급여충당부채환입과 대손충당금환입 등은 판매비와 관리비의 부(-)의 금액으로 표시한다. 이러한 회계처리는 일반기업회계기준의 회계처리와 동일한 것으로서, 영업활동과 관련된 비용으로서 퇴직급여나 대손상각비를 과대하게 설정하였다가 환입하는 금액은 영업외수익이 아니라, 판매관리비를 차감시키는 것이 타당하다는 입장으로 회계처리한 것이다.

4. 연구단계와 개발단계에서 발생한 지출의 처리

연구단계와 개발단계에서 발생한 지출은 발생한 회계연도에 판매비와 관리비로 인식한다. 다만, 개발단계에서 발생한 지출이 자산의 정의와, 자산의 인식 조건을 모두 충족한다면 무형자산의 개발비로 인식한다.

가. 연구단계와 개발단계에서 발생한 지출의 원칙적인 처리

연구단계와 개발단계에서 발생한 지출은 원칙적으로 발생한 회계연도에 판매비와 관리비로 인식한다.

나. 개발단계에서 발생한 지출을 개발비로서 무형자산으로 인식할 수 있는 요건

개발단계에서 발생한 지출이 자산의 정의와, 자산의 인식 조건을 모두 충족한다면 무형자산의 개발비로 인식한다.

① 자산의 정의: '자산'이란 과거의 거래나 사건의 결과로 현재 회사가 통제하고 미래에 경제적효익을 창출할 것으로 예상되는 자원을 말한다.
② 자산의 인식조건: 자산은 해당 항목에서 발생하는 미래경제적효익이 회사에 유입될 가능성이 매우 높고, 그 원가를 신뢰성 있게 측정할 수 있을 때에 인식한다.

5. 영업이익 또는 영업손실의 구분표시

영업이익 또는 영업손실은 매출총이익(또는 손실)에서 판매비와 관리비를 차감하여 산출한다.

VI. 영업외수익

제31조(영업외수익)
① '영업외수익'이란 회사의 주된 영업활동이 아닌 활동에서 발생한 수익과 차익을 말한다.
② 영업외수익에는 이자수익, 배당금수익(주식배당액은 제외한다), 임대료, 단기투자자산처분이익, 단기투자자산평가이익, 외환차익, 외화환산이익, 장기투자증권손상차손환입, 유형자산처분이익, 사채상환이익과 전기오류수정이익 등이 포함된다.

1. 영업외수익의 정의

'영업외수익'이란 회사의 주된 영업활동이 아닌 활동에서 발생한 수익과 차익을 말한다.

2. 영업외수익 계정과목의 예시

영업외수익에는 이자수익, 배당금수익(주식배당액은 제외한다), 임대료, 단기투자자산처분이익, 단기투자자산평가이익, 외환차익, 외화환산이익, 장기투자증권손상차손환입, 유형자산처분이익, 사채상환이익과 전기오류수정이익 등이 포함된다.

가. 이자수익

금융회사의 예금, 자금의 대여 등에 의하여 기간경과에 따라 발생하는 이자를 이자수익으로 인식한다. 이자수익은 원칙적으로 발생주의를 적용하지만, 금액이 중요하지 않은 경우 현금주의를 적용할 수도 있다.

나. 배당금 수익

주주 등이 배당금을 받을 권리와 금액이 확정되는 시점에 배당금 수익을 인식한다. 배당금 수익은 원칙적으로 발생주의를 적용하지만, 금액이 중요하지 않은 경우 현금주의를 적용할 수도 있다.

주식배당액은 배당금을 받는 주주의 입장에서 수익을 인식하지 아니한다. 주식배당을 하는 주식발행회사의 자본 증감이 없이 발행주식수만 증가하기 때문에, 주주도 이익을 인식하지 아니하고 보유주식수의 변동만 관리한다.

[주]: 법인세법은 주주가 주식배당을 받은 경우에 의제배당으로 분류하므로, 이러한 기업회계기준의 내용과 차이가 발생한다.

다. 임대료

부동산임대업을 주업으로 하지 않으면서 임대료를 받게 되는 경우에 영업외수익으로 인식한다.

라. 단기투자자산 처분이익

증권매매업을 주업으로 하지 않는 회사가 단기매매증권 등 단기투자자산을 처분하면서 발생하는 차익을 단기투자자산처분이익이라는 계정으로 영업외수익으로 분류한다.

마. 단기투자자산 평가이익

단기매매증권 등 단기투자자산을 보유한 상태에서 기말결산시기에 시가(공정가치)의 변동으로 발생하는 평가이익을 단기투자자산평가이익이라는 계정으로 영업외수익으로 분류한다.

바. 외환차익

외화차입금을 상환하거나 외화예금을 인출하거나 외환채권채무를 결제하는 과정에서 발생하는 환율변동에 따른 차익은 외환차익으로 하여 영업외수익으로 분류한다.

사. 외환환산이익

화폐성 항목에 해당하는 외화예금, 외환채권채무를 보유한 상태에서, 기말결산시기에 환율변동에 따라 계산되는 환산이익을 외화환산이익으로 하여 영업외수익으로 분류한다.

아. 장기투자증권 손상차손환입

장기투자증권에 손상이 발생하였다는 객관적인 증거가 있으면 회수가능액을 추정하여 장부금액과의 차이를 손상차손으로 인식하는데, 그 후 손상차손이 회복된 경우에는 이전에 인식하였던 손상차손 금액을 한도로 하여 회복된 금액을 손상차손환입으로 인식한다. 이 경우 장기투자증권 손상차손의 환입액은 영업외수익으로 분류한다.

자. 유형자산 처분이익

토지, 건물, 차량운반구 등 유형자산을 처분하면서 받은 대가가 장부금액을 초과하는 경우에 그 차액을 유형자산처분이익으로 인식하고 영업외수익으로 분류한다.

차. 사채상환이익

사채를 상환하면서 지급한 대가가 상환시기의 사채의 장부금액 보다 작은 경우에 그 차액을 사채상환이익으로 하여 영업외수익으로 인식한다.

카. 전기오류수정이익

당기에 발견한 전기 또는 그 이전 회계연도의 오류는 당기에 영업외손익의 전기오류수정손익으로 회계처리한다. 오류수정이 이익으로 나타나는 경우에 전기오류수정이익이라는 계정과목으로 하여 영업외수익으로 인식한다.

[주]: 중소기업회계기준은 오류수정의 효과를 소급하여 반영하는 것이 아니라, 당기에 전액 모두 반영하는 것으로 규정하고 있다.

Ⅶ. 영업외비용

제32조(영업외비용)
① '영업외비용'이란 회사의 주된 영업활동이 아닌 활동에서 발생한 비용과 차손을 말한다.
② 영업외비용에는 이자비용, 기타대손상각비, 단기투자자산처분손실, 단기투자자산평가손실, 재고자산감모손실(비정상적으로 발생한 부분에 한정한다), 외환차손, 외화환산손실, 기부금, 장기투자증권손상차손, 유형자산처분손실, 사채상환손실과 전기오류수정손실 등이 포함된다.

1. 영업외비용의 정의

'영업외비용'이란 회사의 주된 영업활동이 아닌 활동에서 발생한 비용과 차손을 말한다.

2. 영업외비용 계정과목의 예시

영업외비용에는 이자비용, 기타대손상각비, 단기투자자산처분손실, 단기투자자산평가손실, 재고자산감모손실(비정상적으로 발생한 부분에 한정한다), 외환차손, 외화환산손실, 기부금, 장기투자증권손상차손, 유형자산처분손실, 사채상환손실과 전기오류수정손실 등이 포함된다.

가. 이자비용

금융회사 또는 일반 법인(또는 개인)으로부터 차입한 차입금에 대하여, 기간경과에 따라 발생하는 지급이자를 이자비용으로 인식한다. 이자비용은 원칙적으로 발생주의를 적용한다.

나. 기타 대손상각비

영업활동 관련된 매출채권의 대손상각비는 판매관리비에 속하는 대손상각비로 분류한다. 그러나 일반적인 상거래 이외의 채권인 미수금, 단기대여금 등에 대한 대손상각비는 기타 대손상각비 계정으로 회계처리하여 영업외비용으로 분류한다.

다. 단기투자자산 처분손실

증권매매업을 주업으로 하지 않는 회사가 단기매매증권 등 단기투자자산을 처분하면서 발생하는 차손을 단기투자자산처분손실이라는 계정으로 영업외비용으로 분류한다.

라. 단기투자자산 평가손실

단기매매증권 등 단기투자자산을 보유한 상태에서 기말결산시기에 시가(공정가치)의 변동으로 발생하는 평가손실을 단기투자자산평가손실이라는 계정으로 영업외비용으로 분류한다.

마. 재고자산 감모손실

재고자산의 장부 수량과 실제 수량의 차이에서 발생하는 재고자산감모손실 중

비정상적으로 발생한 부분은 매출원가로 분류하지 않고 재고자산감모손실이라는 계정으로 회계처리하고 영업외비용으로 분류한다.

바. 외환차손

외화차입금을 상환하거나 외화예금을 인출하거나 외환채권채무를 결제하는 과정에서 발생하는 환율변동에 따른 차손을 외환차손으로 회계처리하여 영업외비용으로 분류한다.

사. 외환환산손실

화폐성 항목에 해당하는 외화예금, 외환채권채무를 보유한 상태에서, 기말결산시기에 환율변동에 따라 계산되는 환산손실을 외화환산손실로 처리하여 영업외비용으로 분류한다.

아. 기부금

기부금이란 업무와 관계없이 공익단체 등 회사 외부인에게 금전이나 금품을 무상으로 제공하는 경우에 인식하는 계정으로서 영업외비용으로 분류한다.

자. 장기투자증권 손상차손

장기투자증권에 손상이 발생하였다는 객관적인 증거가 있으면 회수가능액을 추정하여 장부금액과의 차이를 손상차손으로 인식하는데, 장기투자증권손상차손이라는 계정과목으로 하여 영업외비용으로 분류한다.

차. 유형자산 처분손실

토지, 건물, 차량운반구 등 유형자산을 처분하면서 받은 대가가 장부금액에 미달하는 경우에 그 차액을 유형자산처분손실로 인식하고 영업외비용으로 분류한다.

카. 사채상환손실

사채를 상환하면서 지급한 대가가 상환시기의 사채의 장부금액 보다 더 많은 경우에 그 차액을 사채상환손실로 하여 영업외손실로 분류한다.

타. 전기오류수정손실

당기에 발견한 전기 또는 그 이전 회계연도의 오류는 당기에 영업외손익의 전기오류수정손익으로 회계처리한다. 오류수정이 손실으로 나타나는 경우에 전기오류수정손실이라는 계정과목으로 하여 영업외비용으로 인식한다.

[주]: 중소기업회계기준은 오류수정의 효과를 소급하여 반영하는 것이 아니라, 당기에 전액 모두 반영하는 것으로 규정하고 있다.

VIII. 법인세비용 차감전 순손익과 당기순손익

> 제33조(법인세비용차감전순이익) 법인세비용차감전순이익(또는 손실)은 영업이익(또는 손실)에 영업외수익을 가산하고 영업외비용을 차감하여 산출한다.
> 제34조(법인세비용) '법인세비용'이란 법인세법에 따라 납부하여야 할 금액인 법인세와 이에 부가되는 세액을 말하며, 과거 회계연도와 관련된 법인세 추납액 또는 환급액도 포함한다.
> 제35조(당기순이익) 당기순이익(또는 손실)은 법인세비용차감전순이익(또는 손실)에서 법인세비용을 차감하여 산출한다.

1. 법인세비용차감전순손익의 계산

법인세비용차감전순이익(또는 손실)은 영업이익(또는 손실)에 영업외수익을 가산하고 영업외비용을 차감하여 산출한다.

2. 법인세비용의 범위

'법인세비용'이란 법인세법에 따라 납부하여야 할 금액인 법인세와 이에 부가되는 세액을 말하며, 과거 회계연도와 관련된 법인세 추납액 또는 환급액도 포함한다.

가. 법인세비용의 범위

'법인세비용'이란 법인세법에 따라 납부하여야 할 금액인 법인세와 이에 부가되는 세액을 포함한다. 법인세비용의 범위에는 법인세와 농어촌특별세, 지방소득세를 포함하여 인식한다.

나. 법인세 추납액과 환급액의 처리

'법인세비용'에는 과거 회계연도와 관련된 법인세 추납액 또는 환급액도 포함한다. 즉, 수정신고 또는 경정 등에 의하여 과거연도의 법인세 등을 납부하는 경우에도 법인세비용으로 회계처리하고, 경정청구 등에 의하여 법인세환급액이 발생하는 경우에는 법인세비용에서 차감하여 회계처리 한다.

3. 당기순손익의 계산

당기순이익(또는 손실)은 법인세비용차감전순이익(또는 손실)에서 법인세비용을 차감하여 산출한다.

제4장

자산·부채의 평가

제36조(자산의 평가기준)
① 자산은 최초에 취득원가로 인식한다.
② 교환, 현물출자, 증여, 그 밖에 무상으로 취득한 자산은 공정가치(합리적인 판단력과 거래 의사가 있는 독립된 당사자 사이의 거래에서 자산이 교환되거나 부채가 결제될 수 있는 금액을 말한다. 이하 같다)를 취득원가로 한다. 다만, 같은 종류의 자산(토지와 건물을 제외한다)을 교환하였을 때에는 제공한 자산의 장부금액을 취득원가로 한다.
③ 이 기준에서 별도로 정하는 경우를 제외하고는, 자산의 진부화, 물리적인 손상 또는 시장가치의 급격한 하락 등으로 자산의 순공정가치(공정가치에서 처분부대원가를 차감한 금액을 말한다. 이하 같다)가 장부금액보다 중요하게 낮으면 장부금액을 순공정가치로 조정하고, 그 차액을 손상차손으로 인식한다.
④ 과거 회계연도에 인식한 손상차손이 더 이상 존재하지 않거나 감소하였다면 자산의 순공정가치가 장부금액을 초과하는 금액은 손상차손환입으로 인식한다. 다만, 손상차손환입으로 증가된 장부금액은 과거에 손상차손을 인식하기 전 장부금액의 감가상각 또는 상각 후 잔액을 초과할 수 없다.

Ⅰ. 자산의 평가기준

1. 자산의 일반적인 취득원가

자산은 최초에 취득원가로 인식한다. 자산을 취득함에 있어서 최초로 인식하는 금액은 취득원가로 한다. 자산의 취득원가는 해당 자산을 의도된 목적에 사용할 때까지 정상적으로 발생한 모든 지출을 포함하는 것이 원칙이다.

2. 교환, 현물출자, 증여 등으로 취득하는 자산의 취득원가

가. 공정가치의 적용

교환, 현물출자, 증여, 그 밖에 무상으로 취득한 자산은 공정가치(합리적인 판단력과 거래 의사가 있는 독립된 당사자 사이의 거래에서 자산이 교환되거나 부채가 결제될 수 있는 금액을 말한다. 이하 같다)를 취득원가로 한다.

나. 동종자산의 교환시 처리

교환으로 취득하는 자산도 공정가치을 취득원가로 하는 것이 원칙이지만, 같은 종류의 자산(토지와 건물을 **제외**한다)을 교환하였을 때에는 제공한 자산의 장부금액을 취득원가로 한다.

[주]: 토지와 건물을 제외하고는 같은 자산을 교환하였을 때에는 제공한 자산의 장부금액을 취득원가로 하도록 규정하고 있다. 토지와 건물의 경우에는 같은 자산을 교환하더라도 동종자산의 교환을 인정하지 아니하고, 제공한 자산의 장부금액을 취득원가로 하는 것이 아니라, 공정가치를 취득원가로 하여 처분이익을 인식한다.

3. 손상차손의 인식

중소기업회계기준에서 별도로 정하는 경우를 제외하고는, 자산의 진부화, 물리적인 손상 또는 시장가치의 급격한 하락 등으로 자산의 순공정가치(공정가치에서 처분부대원가를 차감한 금액을 말한다. 이하 같다)가 장부금액보다 중요하게 낮으면 장부금액을 순공정가치로 조정하고, 그 차액을 손상차손으로 인식한다.

4. 손상차손의 환입

과거 회계연도에 인식한 손상차손이 더 이상 존재하지 않거나 감소하였다면 자산의 순공정가치가 장부금액을 초과하는 금액은 손상차손환입으로 인식한다. 다만, 손상차손환입으로 증가된 장부금액은 과거에 손상차손을 인식하기 전 장부금액의 감가상각 또는 상각 후 잔액을 초과할 수 없다.

사례 **회계처리 사례**

甲(주)는 취득원가 1억원에 A설비 기계장치를 2025년 1월 1일에 취득하였다.
해당 자산을 10년간 정액법으로 감가상각하기로 하고 잔존가치는 없는 것으로 가정한다.
중소기업회계기준에 근거하여 손상차손의 인식 및 환입과 관련된 다음 각각의 경우에 대하여 회계처리를 하시오.

① 취득 후 2차 회계연도말인 2026년 12월 31일 A설비의 순공정가치에 해당하는 금액이 64,000,000원으로 확인되어 손상차손을 인식하기로 하였다.
  (차) 감가상각비   10,000,000   (대) 감가상각누계액   10,000,000
  (차) 손상차손   16,000,000   (대) 손상차손누계액   16,000,000
  [주]: 손상차손을 인식하기 전에 감가상각비를 먼저 회계처리한다. (감가상각비 = 1억원/10년)
  [주]: 손상차손인식 금액 = 1억원 − 10,000,000 × 2 − 64,000,000 = 16,000,000

② 3차 회계연도 말인 2027년 12월 31일 A설비에 대한 감가상각비는 다음과 같이 인식한다.
  (차) 감가상각비   8,000,000   (대) 감가상각누계액   8,000,000
  [주]: 손상차손을 인식한 후의 미상각잔액을 잔존기간 동안에 감가상각을 한다.
     (감가상각비 = 64,000,000원/8년 = 8,000,000원)

③ 4차 회계연도말인 2028년 12월 31일에 A설비의 순공정가치가 7천만원으로 상승되어 다음과 같이 손상차손환입을 인식하였다.
  (차) 감가상각비   8,000,000   (대) 감가상각누계액   8,000,000
  (차) 손상차손누계액   12,000,000   (대) 손상차손환입액   12,000,000
  [주]: 손상차손누계액 환입전 장부가액 = 1억원 − 10,000,000 × 2 − 16,000,000 − 8,000,000 × 2
     = 48,000,000원

[주]: 손상차손을 인식하지 않고 정상적으로 감가상각 하였을 경우의 장부금액
= 1억원 - 10,000,000 × 4 = 60,000,000원
[주]: 손상차손환입액 = 60,000,000 - 48,000,000 = 12,000,000원(손상차손환입으로 증가된 장부금액은 과거에 손상차손을 인식하기전 금액의 정상적인 감가상각 후 잔액을 초과할 수 없다.)

II. 재고자산의 평가

제37조(재고자산의 평가)
① 재고자산의 취득원가는 매입원가 또는 제조원가를 말한다.
② 재고자산의 취득 과정에서 정상적으로 발생한 부대원가는 취득원가에 포함하고, 매입에누리, 매입할인과 매입환출은 취득원가에서 차감한다. 이 경우 일정 기간의 거래 수량 또는 금액에 따라 매입액을 실질적으로 감소시키는 것은 매입에누리에 포함한다.
③ 취득이 시작된 날부터 의도한 용도로 사용·판매할 수 있는 상태가 될 때까지 1년 이상이 걸리는 재고자산의 취득 자금에 포함된 차입금의 이자비용 등은 법인세법 제28조를 준용하여 해당 자산의 취득원가에 포함할 수 있다.
④ 재고자산이 파손, 부패 등과 같이 물리적으로 손상되거나, 장기간 판매되지 아니하거나, 진부화되어 판매가치가 하락하는 등으로 순실현가능가치가 취득원가보다 중요하게 낮아지면 순실현가능가치를 장부금액으로 한다.
⑤ 재고자산의 단위원가는 개별법, 선입선출법, 평균법, 후입선출법 또는 매출가격환원법(소매재고법)을 사용하여 결정한다.

1. 재고자산의 취득원가

가. 재고자산의 취득원가에 포함되는 원가의 범위

재고자산의 취득원가는 매입원가 또는 제조원가를 말한다.
재고자산의 취득 과정에서 정상적으로 발생한 부대원가는 취득원가에 포함한다.

자산의 취득원가는 해당 자산을 의도된 목적에 사용할 때까지 정상적으로 발생한 모든 지출을 포함하는 것이므로 부대원가의 종류를 열거하여 규정하지 않고 있다. 포괄주의 개념으로 취득원가의 범위를 규정하고 있는 것이다.

나. 매입환출, 매입에누리, 매입할인의 처리

재고자산의 취득원가를 계산함에 있어서, 매입에누리, 매입할인과 매입환출은 취득원가에서 차감한다. 이 경우 일정 기간의 거래 수량 또는 금액에 따라 매입액을 실질적으로 감소시키는 것은 매입에누리에 포함한다.

2. 금융비용의 자본화

가. 금융비용 자본화에 대한 중소기업회계기준 규정

취득이 시작된 날부터 의도한 용도로 사용·판매할 수 있는 상태가 될 때까지 1년 이상이 걸리는 재고자산의 취득 자금에 포함된 차입금의 이자비용 등은 법인세법 제28조를 준용하여 해당 자산의 취득원가에 포함할 수 있다.

[주]: 재고자산에 대한 금융비용의 자본화는 의무적인 규정이 아니고, 「취득원가에 포함할 수 있다」라고 표현하고 있으므로, 임의적인 규정이다.

나. 법인세법 제28조의 규정

중소기업회계기준에서 금융비용의 자본화를 법인세법 제28조[지급이자의 손금불산입]를 준용하여 해당 자산의 취득원가에 포함할 수 있도록 규정하고 있다. 법인세법 제28조의 금융비용 자본화는 사업용 유형자산 및 무형자산에 대한 건설자금이자의 자본화에 대하여 규정하고 있다.

[주]: 법인세법상의 건설자금이자의 자본화에 대한 규정은 유형자산 평가에서 확인하기로 한다.

3. 재고자산의 하락한 순실현가능가치 장부반영

가. 순실현가능가치를 장부금액으로 처리

재고자산이 파손, 부패 등과 같이 물리적으로 손상되거나, 장기간 판매되지 아니하거나, 진부화되어 판매가치가 하락하는 등으로 순실현가능가치가 취득원가보다 중요하게 낮아지면 순실현가능가치를 장부금액으로 한다.

나. 재고자산평가손실의 회계처리

① 재고자산의 순실현가능가치(일상적인 사업과정의 추정판매가격에서 판매할 때까지 발생하는 추정원가를 차감한 금액을 말한다)가 장부금액보다 하락하여 발생한 평가손실은 매출원가에 가산한다.
② 재고자산의 평가손실환입은 최초 장부금액을 초과하지 않는 범위로 한정하고, 매출원가에서 차감한다.

다. 재고감모의 회계처리

① 재고자산의 장부 수량과 실제 수량의 차이에서 발생하는 재고자산감모손실 가운데 정상적으로 발생한 부분은 매출원가에 가산한다.
② 재고자산의 장부 수량과 실제 수량의 차이에서 발생하는 재고자산감모손실 중 비정상적으로 발생한 부분은 매출원가로 분류하지 않고 영업외비용으로 처리한다.

4. 재고자산의 단위원가 결정

재고자산의 단위원가는 개별법, 선입선출법, 평균법, 후입선출법 또는 매출가격환원법(소매재고법)을 사용하여 결정한다.
[주]: 중소기업회계기준 제37조에서는 단위원가의 결정 방법에 대한 규정과는 별도로 저가법 평가에 해당하는 재고자산평가손실에 대한 규정을 두고 있다.

III. 유형자산과 무형자산의 평가

제38조(유형자산과 무형자산의 평가)

① 유형자산과 무형자산의 취득원가는 구입가격 또는 제작원가와 의도하는 방식으로 자산을 가동하는 데 필요한 장소와 상태에 이르게 하는 데 직접 관련되는 원가를 포함하며, 매입에누리, 매입할인과 매입환출을 차감한 금액을 말한다.

② 유형자산과 무형자산의 취득 자금에 포함된 차입금의 이자비용 등은 법인세법 제28조에 따라 해당 자산의 취득원가에 포함할 수 있다.

③ 유형자산과 무형자산의 생산능력을 향상시키거나 내용연수를 연장시키는 등 자산의 가치를 실질적으로 높이는 지출(이하 '자본적 지출'이라 한다)은 해당 자산의 장부금액에 가산하고, 원상을 회복시키거나 능률을 유지하기 위한 지출은 발생한 회계연도의 비용으로 인식한다.

④ 최초 인식 후에 유형자산과 무형자산의 장부금액은 다음 각 호에 따라 결정한다.
   1. 유형자산: 취득원가(자본적 지출을 포함한다. 이하 이 조에서 같다)에서 감가상각누계액과 손상차손누계액을 차감한 금액
   2. 무형자산: 취득원가에서 상각누계액과 손상차손누계액을 차감한 금액

⑤ 취득원가에서 잔존가치를 차감하여 결정되는 유형자산의 감가상각대상금액과 무형자산의 상각대상금액은 해당 자산을 사용할 수 있는 때부터 내용연수에 걸쳐 배분한다.

⑥ 잔존가치는 다음 각 호에 따라 결정한다. 다만, 잔존가치는 법인세법 제23조에 따라 결정할 수 있다.
   1. 유형자산: 내용연수가 끝나는 시점의 예상처분대가에서 예상처분원가를 차감한 금액으로 추정한다.
   2. 무형자산: 잔존가치는 없는 것으로 한다. 다만, 경제적 내용연수보다 짧은 상각기간을 정한 경우, 상각기간이 끝나는 시점에 잔존가치가 존재할 가능성이 매우 높다면 제1호를 준용할 수 있다.

⑦ 유형자산과 무형자산의 내용연수는 자산의 예상 사용기간이나 생산량 등을 고려하여 합리적으로 결정한다. 이 경우 무형자산의 상각기간은 독점적·배타적인 권리를 주는 관계 법령이나 계약에서 정해진 경우를 제외하고는 20년을 초과할 수 없다.

> 다만, 내용연수는 법인세법 제23조에 따라 결정할 수 있다.
> ⑧ 유형자산의 감가상각방법과 무형자산의 상각방법은 다음 각 호에서 정하는 방법 중 하나를 선택한다. 다만, 사업결합에서 발생한 영업권에는 정액법을 사용한다.
>   1. 유형자산: 정액법, 정률법, 생산량비례법
>   2. 무형자산: 정액법, 생산량비례법
> ⑨ 잔존가치 또는 내용연수에 대한 추정이 변경되거나 감가상각방법·상각방법이 변경되는 경우에는 전진적으로 회계처리하여 그 효과를 당기와 그 이후의 회계연도에 반영한다.

1. 유형자산과 무형자산의 취득원가

유형자산과 무형자산의 취득원가는 구입가격 또는 제작원가와 의도하는 방식으로 자산을 가동하는 데 필요한 장소와 상태에 이르게 하는 데 직접 관련되는 원가를 포함하며, 매입에누리, 매입할인과 매입환출을 차감한 금액을 말한다.

2. 금융비용의 자본화

가. 금융비용 자본화에 대한 중소기업회계기준 규정

유형자산과 무형자산의 취득 자금에 포함된 차입금의 이자비용 등은 법인세법 제28조에 따라 해당 자산의 취득원가에 포함할 수 있다.

[주]: 유형자산과 무형자산에 대한 금융비용의 자본화는 의무적인 규정이 아니고, 「취득원가에 포함할 수 있다」라고 표현하고 있으므로, 임의적인 규정이다.

나. 법인세법 제28조[건설자금이자]의 규정의 준용

중소기업회계기준에서 금융비용의 자본화를 법인세법 제28조[지급이자의 손금불산입]를 준용하여 해당 자산의 취득원가에 포함할 수 있도록 규정하고 있다. 그런데 법인세법 제28조의 금융비용 자본화는 사업용 유형자산 및 무형자산에 대한 건설자금이자를 규정하고 있으므로, 해당 규정을 유형자산과 무형자산 관련 금융비용 자본화에 준용할 수 있다.

3. 법인세법상의 금융비용 자본화 규정의 내용

법인세법 제28조[지급이자의 손금불산입]에서의 건설자금이자의 자본화 규정은 특정차입금의 자본화와 일반차입금의 자본화로 구분하여 규정하고 있다.

법인세법에서는 특정차입금의 자본화는 의무적으로 적용하도록 규정하고 있고, 일반차입금의 자본화는 선택적으로 적용할 수 있도록 규정하고 있다.

가. 특정차입금 이자의 범위와 자본화 규정

① "건설자금에 충당하는 특정 차입금의 이자"는 그 명목여하에 불구하고 사업용 유형자산 및 무형자산의 매입·제작 또는 건설("건설 등"이라 한다)에 소요되는 차입금(자산의 건설 등에 소요된지의 여부가 분명하지 아니한 차입금은 제외하며 "특정차입금"이라 한다)에 대한 지급이자 또는 이와 유사한 성질의 지출금을 말한다.
② 특정차입금에 대한 지급이자 등은 건설 등이 준공된 날까지 이를 자본적 지출로 하여 그 원본에 가산한다. 다만, 특정차입금의 일시예금에서 생기는 수입이자는 원본에 가산하는 자본적 지출금액에서 차감한다.
③ 특정차입금의 일부를 운영자금에 전용한 경우에는 그 부분에 상당하는 지급이자는 이를 손금(비용)으로 한다.
④ 특정차입금의 연체로 인하여 생긴 이자를 원본에 가산한 경우 그 가산한 금액은 이를 해당 사업연도의 자본적 지출로 하고, 그 원본에 가산한 금액에 대한 지급이자는 이를 손금(비용)으로 한다.
⑤ 특정차입금 중 해당 건설 등이 준공된 후에 남은 차입금에 대한 이자는 각 사업연도의 손금(비용)으로 한다. 이 경우 건설 등의 준공일은 해당 건설 등의 목적물이 전부 준공된 날로 한다.

나. 일반차입금 이자의 자본화 금액 계산범위

일반 차입금의 이자로서 자본화하는 금액은 해당 사업연도의 「개별 사업용 유형자산 및 무형자산의 건설 등」에 대하여 다음에 계산하는 금액 중 적은 금액을 적용한다[법령 52 ⑦].

$$\text{자본화대상 일반차입금의 이자} = \text{MIN}(①, ②)$$

① 실제발생 일반차입금 차입원가

해당 사업연도 중 건설 등에 소요된 기간에 실제로 발생한 일반차입금(해당 사업연도에 상환하거나 상환하지 아니한 차입금 중 특정차입금을 제외한 금액을 말한다)의 지급이자 등의 합계

② 다음 산식에 따라 계산한 금액

$$= \left(\frac{\text{해당 건설등에 대하여 해당 사업연도에 지출한 금액의 적수}}{\text{해당 사업연도 일수}} - \frac{\text{해당 사업연도의 특정차입금의 적수}}{\text{해당 사업연도 일수}} \right)$$

$$\times \left(\text{일반차입금에서 발생한 지급이자 등의 합계액} \div \frac{\text{해당 사업연도의 일반차입금의 적수}}{\text{해당 사업연도 일수}} \right)$$

[주]: 산식 ②의 의미는 (건설기간에 투입된 자금 - 특정차입금에 해당하는 자금)을 (일반차입금 자본화이자율)에 곱하여 일반차입금의 이자를 계산하는 것이다.

4. 자본적 지출과 수익적 지출의 구분

유형자산과 무형자산의 생산능력을 향상시키거나 내용연수를 연장시키는 등 자산의 가치를 실질적으로 높이는 지출('자본적 지출')은 해당 자산의 장부금액에 가산하고, 원상을 회복시키거나 능률을 유지하기 위한 지출은 발생한 회계연도의 비용으로 인식한다.

5. 최초 인식 후의 유형자산과 무형자산의 장부금액

최초 인식 후에 유형자산과 무형자산의 장부금액은 다음과 같이 결정한다.

① 유형자산: 취득원가(자본적 지출을 포함한다)에서 감가상각누계액과 손상차손누계액을 차감한 금액

② 무형자산: 취득원가에서 상각누계액과 손상차손누계액을 차감한 금액

6. 유형자산과 무형자산의 원가배분(감가상각)

가. 감가상각 및 상각의 의미

취득원가에서 잔존가치를 차감하여 결정되는 유형자산의 감가상각대상금액과 무형자산의 상각대상금액은 해당 자산을 사용할 수 있는 때부터 내용연수에 걸쳐 배분한다.

나. 유형자산과 무형자산의 잔존가치

잔존가치는 다음에 따라 결정한다. 다만, 잔존가치는 법인세법 제23조[감가상각비의 손금불산입]에 따라 결정할 수 있다.

① 유형자산: 내용연수가 끝나는 시점의 예상처분대가에서 예상처분원가를 차감한 금액으로 추정한다.
② 무형자산: 잔존가치는 없는 것으로 한다. 다만, 경제적 내용연수보다 짧은 상각기간을 정한 경우, 상각기간이 끝나는 시점에 잔존가치가 존재할 가능성이 매우 높다면 상기 ①을 준용할 수 있다.

[주]: 중소기업회계기준에서 잔존가치를 법인세법에 따라 결정할 수 있도록 하고 있다. 법인세법은 유형자산과 무형자산에 대하여 원칙적으로 잔존가치를 0으로 하며, 유형자산을 정률법으로 상각하는 경우에는 잔존가액을 취득가액의 5%로 하였다가, 미상각잔액이 최초로 취득가액의 5%이하에 해당하는 사업연도에 해당 잔존가액을 상각범위액에 가산하도록 규정하고 있다.

다. 유형자산과 무형자산의 내용연수

유형자산과 무형자산의 내용연수는 자산의 예상 사용기간이나 생산량 등을 고려하여 합리적으로 결정한다. 이 경우 무형자산의 상각기간은 독점적·배타적인 권리를 주는 관계 법령이나 계약에서 정해진 경우를 제외하고는 20년을 초과할 수 없다. 다만, 내용연수는 법인세법 제23조[감가상각비의 손금불산입]에 따라 결정할 수 있다.

라. 내용연수, 잔존가치를 법인세법에 따라 결정 가능

중소기업회계기준은 잔존가치와 내용연수를 법인세법에 따라 결정할 수 있도록 규정하고 있다.

마. 감가상각방법의 선택

유형자산의 감가상각방법과 무형자산의 상각방법은 다음에서 정하는 방법 중 하나를 선택한다. 다만, 사업결합에서 발생한 영업권에는 정액법을 사용한다.

① 유형자산: 정액법, 정률법, 생산량비례법
② 무형자산: 정액법, 생산량비례법

7. 감가상각 관련 회계변경 효과의 반영

잔존가치 또는 내용연수에 대한 추정이 변경되거나 감가상각방법·상각방법이 변경되는 경우에는 전진적으로 회계처리하여 그 효과를 당기와 그 이후의 회계연도에 반영한다.

Ⅳ. 유가증권의 평가

> **제39조(유가증권의 평가)**
> ① 유가증권의 취득원가에는 거래원가를 포함한다. 다만, 시장가격이 있는 유가증권의 경우 해당 자산의 거래원가를 최초 인식하는 시점에 비용으로 회계처리한다.
> ② 시장가격이 있는 유가증권은 시장가격으로 평가하고 시장가격 변동에 따른 보유손익은 단기투자자산평가손익 등으로 회계처리한다. 이 경우 시장가격이 있는 유가증권이란 한국거래소가 개설한 유가증권시장, 코스닥시장 또는 공신력 있는 외국의 증권거래시장(뉴욕증권거래소, 런던증권거래소 등)에서 거래되는 지분증권과 채무증권을 말한다. 다만, 시장가격으로 평가해 온 유가증권이 시장성을 잃으면 그 시점의 장부금액으로 평가한다.
> ③ 시장가격이 없는 주식, 출자금 등의 지분증권은 취득원가로 측정한다.
> ④ 시장가격이 없는 국채·공채, 회사채 등의 채무증권은 장부금액과 만기금액에 차이가 있는 경우 그 차이를 상환기간에 걸쳐 유효이자율법이나 정액법으로 상각하여 장부금액과 이자수익에 반영한다.
> ⑤ 시장가격이 없는 유가증권에 손상이 발생하였다는 객관적인 증거가 있으면 회수가능액을 추정하여 장부금액과의 차이를 손상차손으로 인식한다. 다만, 손상차손을 인식할 필요가 없다는 명백한 증거가 있거나 손상차손 금액이 중요하지 않은 경우에는 손상차손을 인식하지 않을 수 있다.
> ⑥ 손상차손이 회복된 경우에는 이전에 인식하였던 손상차손 금액을 한도로 하여 회복된 금액을 손상차손환입으로 인식한다.

1. 유가증권의 취득원가

유가증권의 취득원가에는 거래원가를 포함한다. 다만, 시장가격이 있는 유가증권의 경우 해당 자산의 거래원가를 최초 인식하는 시점에 비용으로 회계처리한다.

[주]: 원칙적으로 거래원가를 취득원가에 포함하되, 시장가격이 있는 유가증권의 공정가치를 취득원가로 하기 위하여 거래원가는 최초 인식시점에 비용으로 처리하도록 하고 있다.

> **사례** 　**회계처리 사례**
>
> 乙(주)는 B회사 주식 1,000주를 주당 50,000원에 매입하였다. 취득시 거래비용이 500,000원이라고 하는 다음 각각의 경우에 회계처리를 하시오.
>
> ① 해당 주식이 시장가격이 있는 단기매매증권에 해당하는 경우
> (차) 단기매매증권　　50,000,000　　(대) 현금및현금성자산　　50,500,000
> 　　수수료비용　　　　　 500,000
>
> ② 해당 주식이 시장가격이 없는 유가증권으로 매도가능증권에 해당하는 경우
> (차) 매도가능증권　　50,500,000　　(대) 현금및현금성자산　　50,500,000

2. 유가증권의 평가

가. 시장가격이 있는 유가증권의 평가

시장가격이 있는 유가증권은 시장가격으로 평가하고 시장가격 변동에 따른 보유손익은 단기투자자산평가손익 등으로 회계처리한다. 이 경우 시장가격이 있는 유가증권이란 한국거래소가 개설한 유가증권시장, 코스닥시장 또는 공신력 있는 외국의 증권거래시장(뉴욕증권거래소, 런던증권거래소 등)에서 거래되는 지분증권과 채무증권을 말한다. 다만, 시장가격으로 평가해 온 유가증권이 시장성을 잃으면 그 시점의 장부금액으로 평가한다.
[예] 단기매매증권의 평가]

나. 시장가격이 없는 지분증권의 평가

시장가격이 없는 주식, 출자금 등의 지분증권은 취득원가로 측정한다.

다. 시장가격이 없는 채무증권의 평가

시장가격이 없는 국채·공채, 회사채 등의 채무증권은 장부금액과 만기금액에 차이가 있는 경우 그 차이를 상환기간에 걸쳐 유효이자율법이나 정액법으로 상

각하여 장부금액과 이자수익에 반영한다.

[예 만기보유증권의 평가]
[주]: 채무증권의 현재가치와 관련된 이자수익인식방법을 유효이자율법 뿐만 아니라, 정액법도 적용할 수 있도록 하고 있다.

3. 유가증권의 손상차손 인식

가. 시장가격이 없는 유가증권의 손상차손인식

시장가격이 없는 유가증권에 손상이 발생하였다는 객관적인 증거가 있으면 회수가능액을 추정하여 장부금액과의 차이를 손상차손으로 인식한다. 다만, 손상차손을 인식할 필요가 없다는 명백한 증거가 있거나 손상차손 금액이 중요하지 않은 경우에는 손상차손을 인식하지 않을 수 있다.

[주]: 시장가격이 없는 유가증권을 손상차손의 인식대상으로 하며, 지분증권과 채무증권 모두에 해당한다. 손상차손은 영업외비용으로 회계처리한다.

나. 유가증권의 손상차손 환입

손상차손이 회복된 경우에는 이전에 인식하였던 손상차손 금액을 한도로 하여 회복된 금액을 손상차손환입으로 인식한다.

[주]: 손상차손이 회복된 경우, 손상차손으로 인식했던 금액을 한도로 손상차손환입을 인식하고, 해당금액은 영업외수익으로 회계처리한다.

V. 매출채권 등의 평가

제40조(매출채권 등의 평가)
① 제36조 제1항에도 불구하고 매출채권, 대여금, 미수금, 미수수익 등(이하 '매출채권 등'이라 한다)은 현재가치평가를 아니할 수 있다.
② 매출채권 등의 장부금액과 만기금액에 차이가 있는 경우 그 차이를 상환기간에 걸쳐

유효이자율법이나 정액법으로 상각하여 장부금액과 이자수익에 반영한다.
③ 원금이나 이자 등의 일부 또는 전부를 회수하지 못할 가능성이 있는 매출채권 등은 합리적이고 객관적인 기준에 따라 대손추산액을 산출하여 대손충당금으로 설정하고, 기존 대손충당금 잔액과의 차이는 대손상각비로 인식한다.
④ 매출채권 등의 원금이나 이자 등의 일부 또는 전부를 회수할 수 없게 된 경우, 대손충당금과 상계하고, 대손충당금이 부족한 경우에는 그 부족액을 대손상각비로 인식한다.
⑤ 제3항과 제4항의 경우 매출채권에 대한 대손상각비는 판매비와 관리비의 대손상각비로, 그 밖의 채권에 대한 대손상각비는 영업외비용의 기타대손상각비로 구분한다.

1. 매출채권 등에 대한 현재가치 평가

가. 현재가치 평가를 하지 않는 경우

자산평가기준의 취득원가 규정에도 불구하고 매출채권, 대여금, 미수금, 미수수익 등(이하 '매출채권 등'이라 한다)은 현재가치평가를 아니할 수 있다.

[주]: 매출채권, 대여금, 미수금, 미수수익 등에 대하여 현재가치 평가를 하지 않을 수 있다. 일반기업회계기준에서도 1년이내에 회수되는 채권에 대해서는 현재가치평가를 적용하지 아니한다.

나. 현재가치 평가를 하는 경우

매출채권 등의 장부금액과 만기금액에 차이가 있는 경우 그 차이를 상환기간에 걸쳐 유효이자율법이나 정액법으로 상각하여 장부금액과 이자수익에 반영한다.

장기매출채권 등으로서 장부금액(현재가치)과 만기금액에 차이가 있는 경우, 그 차액을 상환기간에 걸쳐 이자수익으로 인식하는데, 인식하는 방법은 유효이자율법이나 정액법을 적용한다.

2. 매출채권 등에 대한 대손충당금 설정과 관리

가. 대손충당금의 설정

원금이나 이자 등의 일부 또는 전부를 회수하지 못할 가능성이 있는 매출채권 등은 합리적이고 객관적인 기준에 따라 대손추산액을 산출하여 대손충당금으로 설정하고, 기존 대손충당금 잔액과의 차이는 대손상각비로 인식한다.

[주]: 합리적 기준을 구하기 어려운 경우에는 법인세법의 대손충당금 설정기준을 활용할 수 있다.

나. 대손발생시의 처리

매출채권 등의 원금이나 이자 등의 일부 또는 전부를 회수할 수 없게 된 경우, 대손충당금과 상계하고, 대손충당금이 부족한 경우에는 그 부족액을 대손상각비로 인식한다.

다. 대손상각비의 비용 구분

매출채권에 대한 대손상각비는 판매비와 관리비의 대손상각비로, 그 밖의 채권에 대한 대손상각비는 영업외비용의 기타대손상각비로 구분한다.

VI. 매입채무의 평가

제41조(매입채무 등의 평가)
① 매입채무, 차입금, 사채, 미지급금, 미지급비용, 예수금 등(이하 '매입채무 등'이라 한다)은 부담하는 채무액으로 최초에 측정한다. 다만, 현재가치평가를 아니할 수 있다.
② 매입채무 등의 장부금액과 만기금액에 차이가 있는 경우 그 차이를 상환기간에 걸쳐 유효이자율법이나 정액법으로 상각하여 장부금액과 이자비용에 반영한다.

1. 매입채무 등의 최초 측정 기준

매입채무, 차입금, 사채, 미지급금, 미지급비용, 예수금 등(이하 '매입채무 등'이라 한다)은 부담하는 채무액으로 최초에 측정한다. 부담하는 채무액이 최초의 측정기준이다.

2. 매입채무 등에 대한 현재가치 평가여부

가. 현재가치 평가를 하지 않는 경우

매입채무, 차입금, 사채, 미지급금, 미지급비용, 예수금 등(이하 '매입채무 등'이라 한다)은 현재가치평가를 아니할 수 있다.

[주]: 일반기업회계기준에서도 1년이내에 상환시기가 도래하는 채무에 대해서는 현재가치 평가를 적용하지 아니한다.

나. 현재가치 평가를 하는 경우

매입채무 등의 장부금액과 만기금액에 차이가 있는 경우 그 차이를 상환기간에 걸쳐 유효이자율법이나 정액법으로 상각하여 장부금액과 이자비용에 반영한다.

장기매입채무 등으로서 장부금액(현재가치)과 만기금액에 차이가 있는 경우, 그 차액을 상환기간에 걸쳐 이자비용으로 인식하는데, 인식하는 방법은 유효이자율법이나 정액법을 적용한다.

사례 | 회계처리 사례

甲회사는 2025년 1월 2일 乙회사로부터 3년 후에 일시불로 3억원을 지급하기로 하고 원재료를 매입하였다. 甲회사가 현재가치계산에 적용하는 자본비용(할인율)은 연10%이다.
(※ 이자비용의 인식은 유효이자율법을 적용하기로 한다.)

[현재가치 = 300,000,000 × 0.751315(3년, 10% 현가계수) = 225,394,500]
(차) 원재료   225,394,500   (대) 장기성매입채무   300,000,000
    현재가치할인차금   74,605,500

① 2025년 12월 31일: 이자비용을 인식하고 다음과 같이 회계처리를 한다.
  (차) 이자비용   22,539,450   (대) 현재가치할인차금   22,539,450
  [주]: 이자비용계산: 225,394,500 × 10% = 22,539,450

② 2026년 12월 31일: 이자비용을 인식하고 다음과 같이 회계처리를 한다.
  (차) 이자비용   24,793,395   (대) 현재가치할인차금   24,793,395
  [주]: 이자비용계산: (225,394,500 + 22,539,450) × 10% = 24,793,395

③ 2027년 12월 31일: 이자비용을 인식하고 다음과 같이 회계처리를 한다.
  (차) 이자비용   27,272,655   (대) 현재가치할인차금   27,272,655
  [주]: 이자비용계산: 74,605,500 - (22,539,450 + 24,793,395) = 27,272,655
  [주]: (225,394,500 + 22,539,450 + 24,793,395) ×10% = 27,272,734원 [단수차이: 79원]

  (차) 장기성매입채무 300,000,000   (대) 매입채무   300,000,000

④ 2028년 1월 2일: 매입채무를 상환하는 회계처리를 한다.
  (차) 매입채무   300,000,000   (대) 현금및현금성자산 300,000,000

VII. 외화거래

제42조(외화거래)
① 외화로 이루어지는 거래는 최초에 그 거래일의 외화와 원화 사이의 현물환율을 외화금액에 적용하여 인식한다.
② 화폐성외화자산·부채는 매 회계연도 말에 마감환율로 다시 환산하고, 비화폐성외화자산·부채는 해당 자산을 취득하거나 해당 부채를 부담한 당시의 환율로 환산한다.
③ 화폐성외화자산·부채의 환산에서 발생하는 외화환산손익 및 결제시점에 발생하는 외환차손익은 해당 손익이 발생하는 회계연도의 손익으로 인식한다.

1. 외환거래의 처리

외화로 이루어지는 거래는 최초에 그 거래일의 외화와 원화 사이의 현물환율을 외화금액에 적용하여 인식한다.
[주]: 외화로 이루어지는 거래는 거래일의 현물환율을 적용하여 회계처리 한다.

외화차입금을 상환하거나 외화예금을 인출하거나 외환채권채무를 결제하는 과정에서 발생하는 환율변동에 따른 차익·차손은 외환차익·외환차손으로 하여 영업외손익으로 분류한다.

2. 외화환산의 회계처리

가. 화폐성항목과 비화폐성항목의 구분처리

화폐성외화자산·부채는 매 회계연도 말에 마감환율로 다시 환산하고, 비화폐성외화자산·부채는 해당 자산을 취득하거나 해당 부채를 부담한 당시의 환율로 환산한다.

화폐성항목은 결산일자의 환율로 외화환산을 하고, 비화폐성항목은 취득하거나, 부담당시의 환율로 표시하므로 외화환산을 하지 아니한다.

화폐성 항목이란 특정화폐로 그 금액이 확정되어 있는 항목을 의미한다.

① 화폐성항목의 예: 외화예금, 외화차입금 등
② 비화폐성 항목의 예: 외화선수금 등
[주]: 중소기업회계기준에서는 외화환산시 적용되는 환율을 「회계연도 말의 마감환율」이라고 규정하고 있다. 실무적으로는 결산일자의 외국환거래규정의 매매기준율을 주로 사용한다.

나. 외화환산손익과 외환차손익의 인식

결산시기에 화폐성외화자산·부채의 환산에서 발생하는 외화환산손익 및 결제시점에 발생하는 외환차손익은 해당 손익이 발생하는 회계연도의 손익으로 인식한다. 손익계산서에서 영업외손익으로 회계처리한다.

제5장

회계정책·회계추정의 변경과 오류수정

I. 회계정책 및 회계추정의 변경

제43조(회계정책 및 회계추정의 변경)
① 재무제표를 작성할 때 채택한 회계정책이나 회계추정은 비슷한 종류의 사건 또는 거래의 회계처리에도 동일하게 적용한다.
② '회계정책의 변경'이란 재무제표의 작성에 적용하던 회계정책을 다른 회계정책으로 바꾸는 것을 말한다. 이 경우 회계정책의 변경에는 재고자산의 단위원가결정방법 변경과 유형자산의 감가상각방법 변경 등이 포함된다.
③ 이 기준에서 변경을 요구하거나, 회계정책의 변경을 반영한 재무제표가 신뢰성 있고 더 목적적합한 정보를 제공하는 경우에만 회계정책을 변경할 수 있다.
④ '회계추정의 변경'이란 환경의 변화, 새로운 정보의 입수 또는 경험의 축적에 따라 회계적 추정치의 근거와 방법 등을 바꾸는 것을 말한다. 이 경우 회계추정에는 대손의 추정, 재고자산의 진부화 여부에 대한 판단과 평가, 충당부채의 추정, 감가상각자산의 내용연수 또는 잔존가치의 추정 등이 포함된다.
⑤ 회계정책 또는 회계추정의 변경은 전진적으로 회계처리하여 그 효과가 당기와 그 이후의 회계연도에 반영되도록 한다.

1. 회계정책이나 회계추정의 적용

재무제표를 작성할 때 채택한 회계정책이나 회계추정은 비슷한 종류의 사건 또는 거래의 회계처리에도 동일하게 적용한다.

2. 회계정책 변경

가. 회계정책변경의 의의

'회계정책의 변경'이란 재무제표의 작성에 적용하던 회계정책을 다른 회계정책으로 바꾸는 것을 말한다. 이 경우 회계정책의 변경에는 재고자산의 단위원가결정방법 변경과 유형자산의 감가상각방법 변경 등이 포함된다.

[주]: 유형자산의 감가상각방법 변경을 일반기업회계기준은 회계추정변경으로 분류하고 있으나, 중소기업회계기준은 회계정책의 변경으로 분류하고 있다.

나. 회계정책변경의 정당성

중소기업회계기준에서 변경을 요구하거나, 회계정책의 변경을 반영한 재무제표가 신뢰성 있고 더 목적적합한 정보를 제공하는 경우에만 회계정책을 변경할 수 있다.

3. 회계추정의 변경

'회계추정의 변경'이란 환경의 변화, 새로운 정보의 입수 또는 경험의 축적에 따라 회계적 추정치의 근거와 방법 등을 바꾸는 것을 말한다. 이 경우 회계추정에는 대손의 추정, 재고자산의 진부화 여부에 대한 판단과 평가, 충당부채의 추정, 감가상각자산의 내용연수 또는 잔존가치의 추정 등이 포함된다.

4. 회계정책 변경과 회계추정 변경의 효과를 반영하는 방식

회계정책 또는 회계추정의 변경은 전진적으로 회계처리하여 그 효과가 당기와 그 이후의 회계연도에 반영되도록 한다.

[주]: 일반기업회계기준은 회계정책의 변경효과는 원칙적으로 소급적용하고, 회계추정변경

의 효과는 전진적으로 처리하도록 규정하고 있으나, 중소기업회계기준은 회계정책의 변경효과와 회계추정변경의 효과를 모두 전진적으로 처리하도록 하여 당기와 그 이후의 회계연도에 반영되도록 하고 있다.

II. 오류수정

> **제44조(오류수정)**
> ① '오류수정'이란 전기 또는 그 이전 회계연도의 재무제표에 포함된 회계적 오류를 당기에 발견하여 수정하는 것을 말한다.
> ② 당기에 발견한 전기 또는 그 이전 회계연도의 오류는 당기에 영업외손익의 전기오류수정손익으로 회계처리한다.

1. 오류수정의 의의

'오류수정'이란 전기 또는 그 이전 회계연도의 재무제표에 포함된 회계적 오류를 당기에 발견하여 수정하는 것을 말한다.

2. 오류수정에 대한 회계처리

당기에 발견한 전기 또는 그 이전 회계연도의 오류는 당기에 영업외손익의 전기오류수정손익으로 회계처리한다.

[주]: 일반기업회계기준은 일반적인 오류는 당기손익에 반영하고, 중대한 오류는 이익잉여금에 반영하는 소급수정을 적용하고 있으나, 중소기업회계기준은 오류수정의 효과를 모두 당기손익에 반영하도록 규정하고 있다.

제6장

자본거래

I. 주식의 발행

제45조(주식의 발행)
① 주식(상환우선주 등을 포함한다)을 발행하는 경우에는 다음 각 호에 따라 회계처리한다.
  1. 주식의 발행금액이 액면금액보다 큰 경우: 그 차액을 자본잉여금의 주식발행초과금으로 회계처리한다.
  2. 주식의 발행금액이 액면금액보다 작은 경우: 그 차액을 주식발행초과금의 범위에서 상계하고, 남아있는 금액이 있으면 자본조정의 주식할인발행차금으로 회계처리한다.
② 이익잉여금 처분 등으로 상각되지 않은 주식할인발행차금은 향후 발생하는 주식발행초과금과 우선적으로 상계한다.
③ 자본잉여금이나 이익잉여금을 자본금에 전입하여 주주에게 무상으로 신주를 발행하는 경우에는 주식의 액면금액을 주식의 발행금액으로 한다.

1. 주식발행의 회계처리

주식(상환우선주 등을 포함한다)을 발행하는 경우에는 다음과 같이 회계처리한다.

가. 주식발행초과금의 인식

주식의 발행금액이 액면금액보다 큰 경우에는 그 차액을 자본잉여금의 주식발행초과금으로 회계처리한다. 주식발행초과금은 자본잉여금으로 분류한다.

나. 주식할인발행차금의 인식

주식의 발행금액이 액면금액보다 작은 경우에는 그 차액을 주식발행초과금의 범위에서 상계하고, 남아있는 금액이 있으면 자본조정의 주식할인발행차금으로 회계처리한다.

2. 주식할인발행차금의 관리

이익잉여금 처분 등으로 상각되지 않은 주식할인발행차금은 향후 발생하는 주식발행초과금과 우선적으로 상계한다.

3. 무상증자시의 회계처리

자본잉여금이나 이익잉여금을 자본금에 전입하여 주주에게 무상으로 신주를 발행하는 경우에는 주식의 액면금액을 주식의 발행금액으로 한다.

[주]: 무상증자 또는 주식배당시 발행하는 주식의 가액은 액면금액으로 한다.

[주]: 배당가능이익(미처분이익잉여금)으로 자본전입하는 경우에는 주식배당이라고 하고 다음과 같이 이익준비금이나 자본준비금을 자본전입하는 것은 무상증자라고 한다. 무상증자 과정에서도 이익준비금의 자본전입은 의제배당에 해당한다.

회계처리 예시

이익준비금을 자본전입하면서 주주에게 무상증자에 의한 주식을 발행하였다.
(차) 이익준비금　　　　　×× 　　(대) 자본금　　　　　××

회계처리 예시

주식발행초과금을 자본전입하면서 주주에게 무상증자에 의한 주식을 발행하였다.
(차) 주식발행초과금　　　　　×× 　　(대) 자본금　　　　　　××

II. 자기주식의 취득과 처분

제46조(자기주식의 취득과 처분)
① 주식을 발행한 회사가 발행된 주식을 다시 취득하는 경우에는 그 취득원가를 자본조정의 자기주식으로 회계처리한다.
② 자기주식을 처분하는 경우에는 다음 각 호에 따라 회계처리한다.
　1. 처분금액이 장부금액보다 큰 경우: 그 차액을 자본잉여금의 자기주식처분이익으로 회계처리한다.
　2. 처분금액이 장부금액보다 작은 경우: 그 차액을 자기주식처분이익의 범위에서 상계하고, 남아있는 금액이 있으면 자본조정의 자기주식처분손실로 회계처리한다.
③ 이익잉여금 처분 등으로 상각되지 않은 자기주식처분손실은 향후 발생하는 자기주식처분이익과 우선적으로 상계한다.

1. 자기주식 취득시의 회계처리

주식을 발행한 회사가 발행된 주식을 다시 취득하는 경우에는 그 취득원가를 자본조정의 자기주식으로 회계처리한다. 자기주식은 대차대조표에서 자본조정으로 표시한다.
[주]: 자기주식 취득시 당초 발행가액과 관계없이 취득원가로 인식하도록 하고 있다.

2. 자기주식 처분시의 회계처리

자기주식을 처분하는 경우에는 다음 각각에 따라 회계처리한다.

가. 자기주식처분이익의 인식

자기주식처분금액이 장부금액보다 큰 경우에는 그 차액을 자본잉여금의 자기주식처분이익으로 회계처리한다. 자기주식처분이익은 자본잉여금의 구성항목이다.

나. 자기주식처분손실의 인식

자기주식처분금액이 장부금액보다 작은 경우에는 그 차액을 자기주식처분이익의 범위에서 상계하고, 남아있는 금액이 있으면 자본조정의 자기주식처분손실로 회계처리한다.

3. 자기주식처분손실의 관리

이익잉여금 처분 등으로 상각되지 않은 자기주식처분손실은 향후 발생하는 자기주식처분이익과 우선적으로 상계한다. 자기주식처분손실은 자본조정계정으로 관리한다.

> **사례** 회계처리 사례
>
> 자기주식 취득과 매각에 대한 회계처리 사례를 확인하기로 한다.
>
> **[자료]**
>
> 영동(주)[12월말 결산법인]의 2X21년 1월 1일 재무상태표의 자본부분의 내역은 다음과 같다.
>
> | | |
> |---|---:|
> | 보통주 자본금 (200,000주, 액면가액 5,000원) | 1,000,000,000 |
> | 주식발행초과금 | 500,000,000 |
> | 처분전 이익잉여금 | 200,000,000 |
> | 계 | 1,700,000,000 |
>
> 2X21년 중 영동(주)의 자기주식에 대한 거래 내역은 다음과 같다.
> 2X21년 5월 15일: 자기주식 10,000주를 주당 8,000원에 취득하였다.

2X21년 6월 16일: 자기주식 4,000주를 소각하였다.
2X21년 7월 5일: 자기주식 4,000주를 주당 9,000원에 매각하였다.
2X21년 8월 10일: 자기주식 6,000주를 주당 12,000원에 취득하였다.
2X21년 9월 5일: 자기주식 6,000주를 주당 10,000원에 매각하였다.

[요구사항]
자기주식의 취득과 매각에 대하여 회계처리를 하시오. 단, 자기주식의 단가 관리는 이동평균법을 적용한다.

[회계처리]
① 2X21년 5월 15일:
   (차) 자기주식   80,000,000   (대) 현금및현금성자산   80,000,000

② 2X21년 6월 16일:
   (차) 자 본 금   20,000,000[주1] (대) 자기주식   32,000,000[주2]
       감자차손   12,000,000
   [주1]: 5,000 × 4,000 = 20,000,000
   [주2]: 8,000 × 4,000 = 32,000,000

③ 2X21년 7월 5일:
   (차) 현금및현금성자산   36,000,000[주3] (대) 자기주식   32,000,000[주4]
                                        자기주식처분이익   4,000,000
   [주3]: 9,000 × 4,000 = 36,000,000
   [주4]: 8,000 × 4,000 = 32,000,000

④ 2X21년 8월 10일:
   (차) 자기주식   72,000,000   (대) 현금및현금성자산   72,000,000

⑤ 2X21년 9월 5일:
   (차) 현금및현금성자산   60,000,000   (대) 자기주식   66,000,000[주5]

　　　　자기주식처분이익　　4,000,000[주6]

　　　　자기주식처분손실　　2,000,000[주7]

[주5]: 6,000주 × {(2,000주 × 8,000) + (6,000주 × 12,000)} ÷ (2,000 + 6,000) = 66,000,000
[주6]: 2X21년 7월 5일 발생 자기주식처분이익을 처분손실과 우선 상계
[주7]: 대차균형에 의해 계산

III. 주식의 소각

제47조(주식의 소각)
① 자기주식을 소각하는 경우에는 다음 각 호에 따라 회계처리한다.
　1. 주식의 취득원가가 액면금액보다 작은 경우: 그 차액을 자본잉여금의 감자차익으로 회계처리한다.
　2. 주식의 취득원가가 액면금액보다 큰 경우: 그 차액을 감자차익의 범위에서 상계하고, 남아있는 금액이 있으면 자본조정의 감자차손으로 회계처리한다.
② 감자차손이 이익잉여금 처분 등으로 상각되지 않고 남은 잔액은 향후 발생하는 감자차익과 우선적으로 상계한다.
③ 발행한 주식을 이익으로 소각하는 경우에는 소각하는 주식의 취득원가에 해당하는 이익잉여금을 감소시킨다.
④ 주주에게 순자산을 반환하지 않으면서 주식의 액면금액이나 주식 수를 감소시키는 경우에는 감소되는 액면금액 또는 감소되는 주식 수에 해당하는 액면금액을 자본잉여금의 감자차익으로 회계처리한다.

1. 자기주식 소각시의 회계처리

자기주식을 소각하는 경우에는 다음과 같이 회계처리한다.

가. 감자차익의 인식

소각 목적으로 취득한 자기주식의 취득원가가 액면금액보다 작은 경우에는

자기주식소각시 그 차액을 자본잉여금의 감자차익으로 회계처리한다.

나. 감자차손의 인식

소각 목적으로 취득한 자기주식의 취득원가가 액면금액보다 큰 경우에는 자기주식소각시 그 차액을 감자차익의 범위에서 상계하고, 남아있는 금액이 있으면 자본조정의 감자차손으로 회계처리한다.

2. 감자차손의 관리

감자차손이 이익잉여금 처분 등으로 상각되지 않고 남은 잔액은 향후 발생하는 감자차익과 우선적으로 상계한다.

3. 이익에 의한 주식소각

가. 이익에 의한 주식소각 관련 상법규정

회사는 정관으로 정하는 바에 따라 회사의 이익으로써 소각할 수 있는 종류주식을 발행할 수 있다. 이 경우 회사는 정관에 상환가액, 상환기간, 상환의 방법과 상환할 주식의 수를 정하여야 한다(상법 제345조). 회사는 상환대상인 주식의 취득일부터 2주 전에 그 사실을 그 주식의 주주 및 주주명부에 적힌 권리자에게 따로 통지하여야 한다. 다만, 통지는 공고로 갈음할 수 있다.

나. 이익에 의한 주식소각시 회계처리

발행한 주식을 이익으로 소각하는 경우에는 소각하는 주식의 취득원가에 해당하는 이익잉여금을 감소시킨다.

> **회계처리 예시**
>
> ① 정관규정에 따라 이익에 의한 주식소각을 목적을 상환우선주인 자기주식 500주를 1억원에 취득하였다.
>
> (차) 자기주식　　　　　100,000,000　　　(대) 보통예금　　　　　100,000,000

② 취득한 상환우선주 500주를 이익으로 소각하였다.
(차) 이익잉여금   100,000,000   (대) 자기주식   100,000,000
[주]: 자본금을 감소시키지 않고, 주식수를 감소시켰으므로 자본금이 발행한 주식의 액면총합계액과 일치하지 않게 된다.

4. 무상감자시의 회계처리: [감자차익 인식]

주주에게 순자산을 반환하지 않으면서 주식의 액면금액이나 주식 수를 감소시키는 경우에는 감소되는 액면금액 또는 감소되는 주식 수에 해당하는 액면금액을 자본잉여금의 감자차익으로 회계처리한다. 자본금의 감소는 상법상의 절차에 따라 진행해야 한다.

회계처리 예시

주주에게 대가를 지급하지 않고 자본금을 감소시키는 경우에 다음과 같이 회계처리한다.
(차) 자본금   ××   (대) 감자차익   ××

IV. 배당

제48조(배당)
① 주주에게 현금으로 배당하는 경우에는 그 배당액을 이익잉여금에서 차감한다.
② 주주에게 주식으로 배당하는 경우에는 발행주식의 액면금액을 배당액으로 하여 자본금을 증가시키고 이익잉여금을 감소시킨다.

1. 현금배당시의 회계처리

주주에게 현금으로 배당하는 경우에는 그 배당액을 이익잉여금에서 차감한다.

> **회계처리 예시**
>
> 주주총회에서 주주에 대한 현금배당을 결정하는 경우에 다음과 같이 회계처리한다.
> (차) 이익잉여금 ×× (대) 미지급배당금 ××

2. 주식배당시의 회계처리

주주에게 주식으로 배당하는 경우에는 발행주식의 액면금액을 배당액으로 하여 자본금을 증가시키고 이익잉여금을 감소시킨다.

> **회계처리 예시**
>
> ① 주주총회에서 주주에 대한 주식배당을 결정하는 경우에 다음과 같이 회계처리한다.
>   (차) 이익잉여금 ×× (대) 미교부주식배당금 ××
>
> ② 실제로 주주에게 주식배당을 하면서 주식을 발행하는 경우에 다음과 같이 회계처리한다.
>   (차) 미교부주식배당금 ×× (대) 자본금 ××

제7장 특수거래

I. 리스거래

제49조(리스거래)

① '리스거래'란 리스제공자가 자산의 사용권을 합의된 기간 동안 리스이용자에게 이전하고, 리스이용자는 사용료를 지급하는 계약을 말한다.

② 자산의 소유권이 실질적으로 리스이용자에게 이전되는 리스거래는 금융리스로, 그 밖의 경우는 운용리스로 분류한다. 이 경우, 소유권이 실질적으로 이전되는지는 계약의 형식이 아닌 거래의 실질적인 내용에 따라 판단한다.

③ 운용리스 이용자는 보증잔존가치를 차감한 최소리스료를 보다 체계적으로 인식할 수 있는 기준이 없다면, 리스기간에 걸쳐 균등하게 배분하여 비용으로 인식한다. 이 경우 '최소리스료'란 리스이용자가 리스제공자에게 지급해야 하는 금액을 말한다.

④ 금융리스 이용자는 리스자산을 장기할부로 구입한 것으로 보아 최소리스료를 리스제공자의 내재이자율로 할인한 금액과 리스자산의 공정가치 중 적은 금액을 금융리스자산과 금융리스부채로 인식하고, 금융리스자산은 리스이용자가 보유한 다른 유사한 자산과 일관성 있게 감가상각한다.

1. 리스거래의 의미

'리스거래'란 리스제공자가 자산의 사용권을 합의된 기간 동안 리스이용자에게 이전하고, 리스이용자는 사용료를 지급하는 계약을 말한다.

2. 금융리스와 운용리스의 구분기준

자산의 소유권이 실질적으로 리스이용자에게 이전되는 리스거래는 금융리스로, 그 밖의 경우는 운용리스로 분류한다. 이 경우, 소유권이 실질적으로 이전되는지는 계약의 형식이 아닌 거래의 실질적인 내용에 따라 판단한다.

3. 운용리스 이용자의 회계처리

운용리스 이용자는 보증잔존가치를 차감한 최소리스료를 보다 체계적으로 인식할 수 있는 기준이 없다면, 리스기간에 걸쳐 균등하게 배분하여 비용으로 인식한다. 이 경우 '최소리스료'란 리스이용자가 리스제공자에게 지급해야 하는 금액을 말한다.
[주]: 운용리스 이용자는 지급하는 리스료를 리스기간에 걸쳐 균등하게 배분하여 비용으로 인식한다.

국제회계기준에서는 운용리스의 경우에도 리스이용자의 회계처리에서 사용권자산과 리스부채를 인식하도록 하고 있지만, 중소기업회계기준과 일반기업회계기준에서는 운용리스 이용자의 리스료를 비용으로 회계처리한다.

4. 금융리스 이용자의 회계처리

금융리스 이용자는 리스자산을 장기할부로 구입한 것으로 보아 최소리스료를 리스제공자의 내재이자율로 할인한 금액과 리스자산의 공정가치 중 적은 금액을 금융리스자산과 금융리스부채로 인식하고, 금융리스자산은 리스이용자가 보유한 다른 유사한 자산과 일관성 있게 감가상각한다.
[주]: 금융리스 이용자는 금융리스자산과 금융리스부채를 인식한 후, 금융리스자산은 감가상각을 하게 되고, 금융리스부채는 이자지급시 원금상환방식으로 감소시킨다.

5. 금융리스 회계처리 사례

가. [금융리스사례]: 리스기간 종료 후 소유권 이전하지 않는 경우

사례 1

[자료 1]

(1) 2025년 1월 1일 리스제공자인 A리스회사는 금융리스계약을 P회사와 체결하였다.
  ① 소유권이전이나 염가구매선택권의 약정은 없다.
  ② 리스자산은 2024년 12월 31일 10억원으로 신규취득하였으며, 취득원가는 공정가치와 일치한다.
  ③ 감가상각적용방법: 리스자산의 내용연수는 4년이고, 잔존가치는 없는 것으로 하여, 정액법으로 감가상각을 한다.
(2) 리스기간 종료시 추정잔존가치는 2억원이지만, 이 중 리스이용자인 P회사가 보증한 잔존가치가 160,000,000원이다. 리스기간 종료시점에 리스자산의 실제 잔존가치는 140,000,000원이었다.
(3) 리스기간은 3년으로 매년말에 341,692,000원의 리스료를 지급하며, A회사와 P회사의 결산일은 매년 12월 31일이다. 리스제공자의 내재이자율은 연10%이다. 연10%이자율에 대한 현가계수와 연금의 현가계수는 다음과 같다.
  ⓐ 현가계수: 0.751315 (10%, 3년) ⓑ 연금의 현가계수: 2.486852 (10%, 3년)

[요구사항1]

리스제공자인 A회사 입장에서 리스상각표를 작성하고 회계처리를 하시오.

(1) 리스제공자의 회계처리
  1) 리스상각표의 작성

일 자	정기리스료	실질이자(10%)	채권회수액	미회수채권
2025.01.01.				1,000,000,000
2025.12.31.	341,692,000	100,000,000	241,692,000	758,308,000
2026.12.31.	341,692,000	75,830,800	265,861,200	492,446,800

일 자	정기리스료	실질이자(10%)	채권회수액	미회수채권
2027.12.31.	341,692,000	49,245,200[주]	292,446,800	200,000,000
합 계	1,025,076,000	225,076,000	800,000,000	

[주]: 단수차이를 조정함

2) 리스제공자인 A회사의 회계처리
① 2024년 12월 31일 [리스실행일 이전]
   (차) 선급리스자산 1,000,000,000   (대) 현금및현금성자산 1,000,000,000

② 2025년 1월 1일 [리스실행일]
   (차) 금융리스채권 1,000,000,000   (대) 선급리스자산 1,000,000,000

③ 2025년 12월 31일 [1차 리스료 입금 및 이자수익 인식]
   (차) 현금및현금성자산 341,692,000   (대) 이자수익 100,000,000
                                                     금융리스채권 241,692,000

④ 2026년 12월 31일 [2차 리스료 입금 및 이자수익 인식]
   (차) 현금및현금성자산 341,692,000   (대) 이자수익 75,830,800
                                                     금융리스채권 265,861,200

⑤ 2027년 12월 31일 [3차 리스료 입금 및 이자수익 인식]
   (차) 현금및현금성자산 341,692,000   (대) 이자수익 49,245,200
                                                     금융리스채권 292,446,800

⑥ 2027년 12월 31일 [리스자산회수 및 손상차손 인식]
   (차) 리스자산 140,000,000   (대) 금융리스채권 200,000,000
      리스자산손상차손 60,000,000

⑦ 2027년 12월 31일 [리스보증이익 인식]

    (차) 현금및현금성자산 20,000,000   (대) 리스보증이익 20,000,000

    [주]: 리스보증이익 = 리스이용자의 보증잔존가액(160,000,000) - 실제잔존가치(140,000,000)

[요구사항2]

리스이용자인 P회사 입장에서 리스상각표를 작성하고 회계처리를 하시오.

(2) 리스이용자의 회계처리

  1) 최소리스료의 현재가치 계산

  341,692,000[정기리스료] × 2.486852 + 160,000,000[종료 후 보증가치] × 0.751315

  = 969,947,834원

  2) 금융리스자산 계산

  리스이용자는 리스실행일에 최소리스료의 현재가치와 리스자산의 공정가치 중 작은 금액을 금융리스자산과 금융리스부채로 각각 인식한다.

  금융리스자산 = MIN[969,947,834(최소리스료 현재가치), 1,000,000,000(공정가치)]

  = 969,947,834원

  3) 리스상각표의 작성

일 자	정기리스료	실질이자(10%)	부채상환액	미상환부채
2025.01.01.				969,947,834
2025.12.31.	341,692,000	96,994,783	244,697,217	725,250,617
2026.12.31.	341,692,000	72,525,062	269,166,938	456,083,679
2027.12.31.	341,692,000	45,608,321[주]	296,083,679	160,000,000
합 계	1,025,076,000	215,128,166	809,947,834	

[주]: 단수차이를 조정함

  4) 리스이용자인 P회사의 회계처리

  ① 2024년 12월 31일 [리스실행일 이전]: [회계처리 없음]

  ② 2025년 1월 1일 [리스실행일]

    (차) 금융리스자산   969,947,834   (대) 금융리스부채 969,947,834

③ 2025년 12월 31일 [1차 리스료 지급 및 감가상각비 회계처리]
    (차) 이자비용　　　　　　96,994,783　　(대) 현금및현금성자산　341,692,000
    　　　금융리스부채　　　244,697,217
    (차) 감가상각비　　　　269,982,611[주] (대) 감가상각누계액　　269,982,611
[주]: (969,947,834 - 160,000,000) × (1/3) = 269,982,611
[주]: 리스이용자가 리스기간종료시에 리스자산을 리스회사에 반환하여야 하므로, 금융리스자산을 리스기간내에 감가상각을 하는 방식을 적용한다.

④ 2026년 12월 31일 [2차 리스료 지급 및 감가상각비 회계처리]
    (차) 이자비용　　　　　　72,525,062　　(대) 현금및현금성자산　341,692,000
    　　　금융리스부채　　　269,166,938
    (차) 감가상각비　　　　269,982,611　(대) 감가상각누계액　　269,982,611

⑤ 2027년 12월 31일 [3차 리스료 지급 및 감가상각비 회계처리]
    (차) 이자비용　　　　　　45,608,321　　(대) 현금및현금성자산　341,692,000
    　　　금융리스부채　　　296,083,679
    (차) 감가상각비　　　　269,982,612　(대) 감가상각누계액　　269,982,612

⑥ 2027년 12월 31일 [금융리스자산의 반환]
    (차) 금융리스부채　　　160,000,000　(대) 금융리스자산　　　969,947,834
    　　　감가상각누계액　　809,947,834

⑦ 2027년 12월 31일 [리스보증 손실인식]
    (차) 리스보증손실　　　20,000,000　　(대) 현금및현금성자산　20,000,000
[주]: 리스보증손실 = 리스이용자의 보증잔존가액(160,000,000) - 실제잔존가치(140,000,000)

나. [금융리스사례]: 리스기간 종료 후 소유권을 이전하는 경우

사례 2

[자료 2]

(1) 2025년 1월 1일 리스제공자인 A리스회사는 금융리스계약을 P회사와 체결하였다.
   ① 염가구매선택권은 리스기간 종료시점에 행사할 수 있다.
   ② 리스자산은 2024년 12월 31일 10억원으로 신규취득하였으며, 취득원가는 공정가치와 일치한다.
   ③ 감가상각적용방법: 리스자산의 내용연수는 4년이고, 잔존가치는 없는 것으로 하여, 정액법으로 감가상각을 한다.
(2) 리스기간 종료시 추정잔존가치는 2억원이지만, 염가구매선택권의 행사가격은 1억원이다.
(3) 리스기간은 3년으로 매년말에 371,903,000원의 리스료를 지급하며, A회사와 P회사의 결산일은 매년 12월 31일이다. 리스제공자의 내재이자율은 연10%이다. 연10%이자율에 대한 현가계수와 연금의 현가계수는 다음과 같다.
   ⓐ 현가계수: 0.751315 (10%, 3년)   ⓑ 연금의 현가계수: 2.486852 (10%, 3년)

[요구사항1]

리스제공자인 A회사 입장에서 리스상각표를 작성하고 회계처리를 하시오.

(1) 리스제공자의 회계처리
   1) 리스상각표의 작성

일 자	정기리스료	실질이자(10%)	채권회수액	미회수채권
2025.01.01.				1,000,000,000
2025.12.31.	371,903,000	100,000,000	271,903,000	728,097,000
2026.12.31.	371,903,000	72,809,700	299,093,300	429,003,700
2027.12.31.	371,903,000	42,899,300[주]	329,003,700	100,000,000
합 계	1,115,709,000	215,709,000	900,000,000	

[주]: 단수차이를 조정함

2) 리스제공자인 A회사의 회계처리
① 2024년 12월 31일 [리스실행일 이전]
   (차) 선급리스자산 1,000,000,000 (대) 현금및현금성자산 1,000,000,000

② 2025년 1월 1일 [리스실행일]
   (차) 금융리스채권 1,000,000,000 (대) 선급리스자산 1,000,000,000

③ 2025년 12월 31일 [1차 리스료 입금 및 이자수익 인식]
   (차) 현금및현금성자산 371,903,000 (대) 이자수익   100,000,000
                                           금융리스채권   271,903,000

④ 2026년 12월 31일 [2차 리스료 입금 및 이자수익 인식]
   (차) 현금및현금성자산 371,903,000 (대) 이자수익   72,809,700
                                           금융리스채권   299,093,300

⑤ 2027년 12월 31일 [3차 리스료 입금 및 이자수익 인식]
   (차) 현금및현금성자산 371,903,000 (대) 이자수익   42,899,300
                                           금융리스채권   329,003,700

⑥ 2027년 12월 31일 [리스자산에 대한 소유권이전]
   (차) 현금및현금성자산 100,000,000 (대) 금융리스채권   100,000,000
[주]: 리스이용자의 염가구매선택권 행사로 행사가격을 받고 소유권 이전함.

[요구사항2]
리스이용자인 P회사 입장에서 리스상각표를 작성하고 회계처리를 하시오.

(2) 리스이용자의 회계처리
1) 최소리스료의 현재가치 계산
371,903,000[정기리스료] × 2.486852 + 100,000,000[종료 후 보증가치] × 0.751315
= 1,000,000,000원
[주]: 1,000,000,000 − 999,999,219 = 781원은 단수차이로 조정함.

2) 금융리스자산 계산

리스이용자는 리스실행일에 최소리스료의 현재가치와 리스자산의 공정가치 중 작은 금액을 금융리스자산과 금융리스부채로 각각 인식한다[문단16].

금융리스자산 = MIN[1,000,000,000(최소리스료 현재가치), 1,000,000,000(공정가치)]
= 1,000,000,000원

3) 리스상각표의 작성

일 자	정기리스료	실질이자(10%)	부채상환액	미상환부채
2025.01.01.				1,000,000,000
2025.12.31.	371,903,000	100,000,000	271,903,000	728,097,000
2026.12.31.	371,903,000	72,809,700	299,093,300	429,003,700
2027.12.31.	371,903,000	42,899,300[주]	329,003,700	100,000,000
합 계	1,115,709,000	215,709,000	900,000,000	

[주]: 단수차이를 조정함

4) 리스이용자인 P회사의 회계처리

① 2024년 12월 31일 [리스실행일 이전]: [회계처리 없음]

② 2025년 1월 1일 [리스실행일]

    (차) 금융리스자산 1,000,000,000 (대) 금융리스부채   1,000,000,000

③ 2025년 12월 31일 [1차 리스료 지급 및 감가상각비 회계처리]

    (차) 이자비용   100,000,000   (대) 현금및현금성자산 371,903,000
        금융리스부채 271,903,000

    (차) 감가상각비   250,000,000[주] (대) 감가상각누계액   250,000,000

[주]: (1,000,000,000 − 0) × (1/4) = 250,000,000
[주]: 염가구매선택권을 선택하여 리스이용자가 당해 리스자산을 취득하는 경우를 예상하므로, 경제적 내용연수를 적용하여 감가상각을 한다.

④ 2026년 12월 31일 [2차 리스료 지급 및 감가상각비 회계처리]

    (차) 이자비용   72,809,700   (대) 현금및현금성자산 371,903,000
        금융리스부채 299,093,300

    (차) 감가상각비   250,000,000   (대) 감가상각누계액   250,000,000

⑤ 2027년 12월 31일 [3차 리스료 지급 및 감가상각비 회계처리]
   (차) 이자비용   42,899,300   (대) 현금및현금성자산   371,903,000
      금융리스부채 329,003,700
   (차) 감가상각비   250,000,000   (대) 감가상각누계액   250,000,000

⑥ 2027년 12월 31일 [금융리스부채 상환 및 염가구매선택권의 행사]
   (차) 금융리스부채 100,000,000   (대) 현금및현금성자산   100,000,000

⑦ 2027년 12월 31일 [금융리스자산을 일반자산으로 대체]
   (차) 설비자산 등   1,000,000,000 (대) 금융리스자산   1,000,000,000
   (차) 감가상각누계액   750,000,000 (대) 감가상각누계액   750,000,000
     (금융리스자산)   (설비자산 등)

6. 운용리스 회계처리 사례

사례 3

[자료 3]

(1) 2025년 1월 1일 리스제공자인 A리스회사는 운용리스계약을 K회사와 체결하였다.
  ① 리스자산은 2024년 12월 31일 10억원으로 신규취득하였으며, 취득원가는 공정가치와 일치한다.
  ② 감가상각적용방법: 리스자산의 내용연수는 5년이고, 잔존가치는 없는 것으로 하여, 정액법으로 감가상각을 한다.
(2) 리스기간 종료시 리스이용자의 보증잔존가치는 4억원이지만, 리스기간 종료시 실제 잔존가치는 3억원이었다.
(3) 리스기간은 3년이며, 리스실행일과 매년말에 지급할 정기리스료는 다음과 같다.
  ⓐ 리스실행일(2025년 1월 1일): 120,000,000원
  ⓑ 2025년, 2026년, 2027년: 12월 31일: 200,000,000원

[요구사항1]

리스제공자인 A회사 입장에서 상기 운용리스 관련 회계처리를 하시오.

(1) 운용리스 리스제공자의 회계처리
  1) 리스제공자인 A회사의 리스기간 중 회계처리
  ① 2024년 12월 31일 [리스실행일 이전]
     (차) 선급리스자산 1,000,000,000 (대) 현금및현금성자산 1,000,000,000

  ② 2025년 1월 1일 [리스실행일]
     (차) 운용리스자산 1,000,000,000 (대) 선급리스자산 1,000,000,000

  ③ 2025년 1월 1일 [리스실행일의 리스료 수취]
     (차) 현금및현금성자산 120,000,000 (대) 선수리스료 120,000,000

  ④ 2025년 12월 31일 [1차 정기리스료 수취 및 감가상각] :
     (차) 현금및현금성자산 200,000,000 (대) 운용리스료수익 240,000,000[주1]
         선수리스료   40,000,000
     (차) 감가상각비   200,000,000[주2] (대) 감가상각누계액 200,000,000
  [주1]: (120,000,000 + 200,000,000 × 3) × (1/3) = 240,000,000
  [주2]: (1,000,000,000 - 0) × (1/5) = 200,000,000

  ⑤ 2026년 12월 31일 [2차 정기리스료 수취 및 감가상각]
     (차) 현금및현금성자산 200,000,000 (대) 운용리스료수익 240,000,000
         선수리스료   40,000,000
     (차) 감가상각비   200,000,000 (대) 감가상각누계액 200,000,000

  ⑥ 2027년 12월 31일 [3차 정기리스료 수취 및 감가상각]
     (차) 현금및현금성자산 200,000,000 (대) 운용리스료수익 240,000,000
         선수리스료   40,000,000
     (차) 감가상각비   200,000,000 (대) 감가상각누계액 200,000,000

  2) 리스제공자인 A회사의 리스자산 반환시의 회계처리
  ① 2027년 12월 31일 [운용리스자산의 반환]

(차) 리스자산　　　　　　1,000,000,000　(대) 운용리스자산　1,000,000,000
　　　(차) 감가상각누계액　　　　600,000,000　(대) 감가상각누계액　 600,000,000
　　　　　(운용리스자산)　　　　　　　　　　　　　(리스자산)

② 2027년 12월 31일 [리스자산의 손상차손인식]
　　　(차) 손상차손(리스자산) 100,000,000　(대) 손상차손누계액　100,000,000
　　　[주]: 손상차손 = 리스자산의 장부상 잔존가액(400,000,000) - 실제잔존가액(300,000,000)

③ 2027년 12월 31일 [운용리스보증이익 인식]
　　　(차) 현금및현금성자산　100,000,000　(대) 리스보증이익　100,000,000

[요구사항2]

리스이용자인 K회사 입장에서 운용리스 관련 회계처리를 하시오.

(2) 리스이용자의 회계처리
1) 리스이용자인 K회사의 리스기산 중 회계처리
① 2024년 12월 31일 [리스실행일 이전]: [회계처리 없음]
② 2025년 1월 1일 [리스실행일]
　　　(차) 선급리스료　　120,000,000　　(대) 현금및현금성자산 120,000,000

③ 2025년 12월 31일 [1차 리스료 지급]
　　　(차) 지급리스료　　240,000,000[주]　(대) 현금및현금성자산 200,000,000
　　　　　　　　　　　　　　　　　　　　　　　　선급리스료　　　　40,000,000
　　　[주]: 매년 인식할 지급리스료: (120,000,000 + 200,000,000) × (1/3) = 240,000,000

④ 2026년 12월 31일 [2차 리스료 지급]
　　　(차) 지급리스료　　240,000,000　　(대) 현금및현금성자산 200,000,000
　　　　　　　　　　　　　　　　　　　　　　　　선급리스료　　　　40,000,000

⑤ 2027년 12월 31일 [3차 리스료 지급]:
　　　(차) 지급리스료　　240,000,000　　(대) 현금및현금성자산 200,000,000
　　　　　　　　　　　　　　　　　　　　　　　　선급리스료　　　　40,000,000

2) 리스자산의 반환
① 2027년 12월 31일 [운용리스자산의 반환]: 회계처리 없음
② 2027년 12월 31일 [리스보증료 손실인식]
(차) 리스보증손실 100,000,000[주]   (대) 현금및현금성자산 100,000,000
[주]: 리스보증손실 = 리스이용자의 보증잔존가액(400,000,000) - 실제잔존가치(300,000,000)

II. 정부보조금과 공사부담금

제50조(정부보조금과 공사부담금)
① 정부보조금은 해당 보조금에 부수되는 조건을 준수하고, 이를 수취할 것이라는 확신이 있을 때 인식한다.
② 자산의 취득과 관련하여 정부보조금(비화폐성 자산을 포함한다)을 받은 경우에는 다음 각 호에 따라 회계처리한다.
  1. 관련 자산을 취득하기 전: 정부보조금의 금액을, 받은 자산(받은 자산을 일시적으로 운용하기 위해 취득한 다른 자산을 포함한다)의 차감계정으로 회계처리한다.
  2. 관련 자산을 취득하는 시점 및 이후: 정부보조금의 금액을 관련 자산의 차감계정으로 회계처리하고, 관련 자산의 내용연수에 걸쳐 (감가)상각금액과 상계하며, 해당 자산을 처분할 때 그 잔액을 처분손익에 반영한다. 다만, 정부보조금의 금액을 관련 자산의 취득금액에서 직접 차감할 수 있다.
③ 수익과 관련하여 정부보조금을 받은 경우에는 다음 각 호에 따라 회계처리한다.
  1. 정부보조금을 사용하기 위하여 특정한 조건을 충족해야 하는 경우: 조건을 충족하기 전까지는 받은 정부보조금을 부채(선수수익)로 회계처리한다.
  2. 정부보조금이 특정 비용을 보전할 목적으로 지급된 경우: 해당 비용과 상계한다.
  3. 정부보조금에 대응되는 비용이 없는 경우: 회사의 주된 영업활동과 직접적인 관련이 있다면 영업수익으로, 그 밖의 경우에는 영업외수익으로 회계처리한다.
④ 공사부담금의 회계처리는 제1항부터 제3항까지를 준용한다.

1. 정부보조금의 인식기준

정부보조금은 해당 보조금에 부수되는 조건을 준수하고, 이를 수취할 것이라는 확신이 있을 때 회계장부에 인식한다.

2. 자산관련 보조금의 회계처리

자산의 취득과 관련하여 정부보조금(비화폐성 자산을 포함한다)을 받은 경우에는 다음과 같이 회계처리한다.

가. 관련 자산을 취득하기 전

관련 자산을 취득하기 전에는 정부보조금의 금액을, 받은 자산(받은 자산을 일시적으로 운용하기 위해 취득한 다른 자산을 포함한다)의 차감계정으로 회계처리한다.

나. 관련 자산을 취득한 후

관련 자산을 취득하는 시점 및 이후에는 정부보조금의 금액을 관련 자산의 차감계정으로 회계처리하고, 관련 자산의 내용연수에 걸쳐 (감가)상각금액과 상계하며, 해당 자산을 처분할 때 그 잔액을 처분손익에 반영한다. 다만, 정부보조금의 금액을 관련 자산의 취득금액에서 직접 차감할 수 있다.

3. 수익관련 보조금의 회계처리

수익과 관련하여 정부보조금을 받은 경우에는 다음과 같이 회계처리한다.

가. 특정조건을 충족해야 하는 경우

정부보조금을 사용하기 위하여 특정한 조건을 충족해야 하는 경우에는 조건을 충족하기 전까지는 받은 정부보조금을 부채(선수수익)로 회계처리한다.

나. 특정비용을 보전할 목적으로 지급된 경우

정부보조금이 특정 비용을 보전할 목적으로 지급된 경우에는 해당 비용과 상계한다.

다. 정부보조금에 대응하는 비용이 없는 경우

정부보조금에 대응되는 비용이 없는 경우에는 회사의 주된 영업활동과 직접적인 관련이 있다면 영업수익으로, 그 밖의 경우에는 영업외수익으로 회계처리한다.

4. 공사부담금의 회계처리

공사부담금의 회계처리는 정부보조금 관련 회계처리를 준용한다.

사례 회계처리 사례

(주)아이텍은 정부의 정책사업에 참여하여, 정부로부터 2025년 7월 1일 상환의무가 없는 정부보조금을 1억원 수령하였고, 이를 조건[개발비에 해당하는 자산취득조건: 80%]에 따라 다음과 같이 회계처리를 하였다. 보조금수령 관련 정책사업이 회사의 주된 영업활동에 직접 관련된 것은 아니다.

① 보조금 수령시: [2025.7.1.]

(차) 보통예금	100,000,000	(대) 정부보조금	100,000,000
		[현금및현금성 자산의 차감계정]	

② 보조금 사용시: [2025.10.2.]

(차) 개발비(무형자산)	80,000,000	(대) 보통예금	100,000,000
경상개발비	20,000,000		

③ 정부보조금 대체 사용시: [2025.10.2.]
    (차) 정부보조금   80,000,000   (대) 정부보조금   80,000,000
[현금및현금성 자산의 차감계정]   [개발비 차감계정]
    (차) 정부보조금   20,000,000   (대) 자산수증이익   20,000,000
[현금및현금성 자산의 차감계정]
[주]: 보조금 수령 관련 정책사업이 회사의 주된 영업활동에 직접관련된 것이 아닌 경우에는 자산수증이익을 영업외수익으로 처리한다.
④ 개발비 상각: [2025.12.31.] (5년 정액법, 직접법으로 상각을 하기로 함)
    (차) 무형자산상각비[주]   4,000,000   (대변) 개발비   4,000,000
    (차) 정부보조금   4,000,000   (대변) 무형자산상각비   4,000,000
[개발비 차감계정]
[주]: 80,000,000 ÷ 5 × (3/12) = 4,000,000

III. 사업결합

제51조(사업결합)
① 합병, 영업양수도 등과 같은 사업결합을 하는 경우, 취득일에 별도로 식별되는 취득자산과 인수 부채는 취득일의 공정가치로 측정한다. 다만, 다음 각 호의 어느 하나에 해당하면 해당 자산이나 부채를 피취득자의 장부금액으로 측정할 수 있다.
  1. 취득일의 공정가치가 피취득자의 장부금액과 중요한 차이가 없는 경우
  2. 공정가치를 측정하기 어려운 경우
② 이전대가가 제1항에 따라 측정된 자산과 부채의 순액보다 큰 경우 그 차이를 무형자산의 영업권으로 인식한다.
③ 이전대가가 제1항에 따라 측정된 자산과 부채의 순액보다 작은 경우 그 차이를 염가매수차익으로 하여 당기에 이익으로 인식한다. 다만, 법인세법 제44조의2에 따라 회계처리할 수 있다.

1. 사업결합 회계처리의 원칙

합병, 영업양수도 등과 같은 사업결합을 하는 경우, 취득일에 별도로 식별되는 취득 자산과 인수 부채는 취득일의 「공정가치」로 측정한다. 다만, 다음 중 어느 하나에 해당하면 해당 자산이나 부채를 피취득자의 장부금액으로 측정할 수 있다.
① 취득일의 공정가치가 피취득자의 장부금액과 중요한 차이가 없는 경우
② 공정가치를 측정하기 어려운 경우

2. 영업권의 인식

사업결합 관련 이전대가가 사업결합에 따라 측정된 자산과 부채의 순액보다 큰 경우 그 차이를 무형자산의 영업권으로 인식한다.

3. 염가매수차익의 인식

사업결합 관련 이전대가가 사업결합에 따라 측정된 자산과 부채의 순액보다 작은 경우 그 차이를 염가매수차익으로 하여 당기에 이익으로 인식한다. 다만, 법인세법 제44조의2[합병매수차익의 60개월 균등환입]에 따라 회계처리할 수 있다.

[주]: 법인세법 제44조의2[비적격 합병시 합병법인에 대한 과세]에서는 합병매수차익(염가매수차익)이 발생하는 경우, 합병등기일 후 60개월 균등분할환입하여 익금에 산입할 수 있는 규정을 두고 있다. 중소기업회계기준에서는 이 규정을 적용할 수 있도록 규정하고 있다.

제8장 자본변동표

> **제52조(자본변동표)**
> ① 자본변동표는 자본의 크기와 그 변동에 관한 정보를 제공하는 재무보고서이다.
> ② 자본변동표에는 자본의 각 항목별로 다음 각 호와 같이 구분하여 기초 잔액, 변동사항과 기말 잔액을 표시한다. [별지 제3호 서식 참조]
> 1. 자본금의 변동: 유상증자(감자), 무상증자(감자)와 주식배당 등에 의하여 발생한다.
> 2. 자본잉여금의 변동: 유상증자(감자), 무상증자(감자), 결손금처리 등에 의하여 발생하며, 주식발행초과금과 기타자본잉여금으로 구분하여 표시한다.
> 3. 자본조정의 변동: 자기주식은 구분하여 표시하고, 기타자본조정은 통합하여 표시할 수 있다.
> 4. 이익잉여금의 변동: 연차배당(현금배당과 주식배당으로 구분한다), 중간배당, 그 밖의 전기 말 미처분이익잉여금의 처분 및 당기순이익(또는 당기순손실)으로 구분하여 표시한다.

1. 자본변동표의 정의

자본변동표는 자본의 크기와 그 변동에 관한 정보를 제공하는 재무보고서이다.

2. 자본변동표의 구성항목

자본변동표에는 자본의 각 항목별로 다음과 같이 구분하여 「기초 잔액」, 「변동사항」과 「기말 잔액」을 표시한다.

가. 자본금의 변동

자본금의 변동은 유상증자(감자), 무상증자(감자)와 주식배당 등에 의하여 발생한다.

나. 자본잉여금의 변동

자본잉여금의 변동은 유상증자(감자), 무상증자(감자), 결손금처리 등에 의하여 발생하며, 주식발행초과금과 기타자본잉여금으로 구분하여 표시한다.

다. 자본조정의 변동

자본조정의 변동은 자기주식은 구분하여 표시하고, 기타자본조정은 통합하여 표시할 수 있다.

라. 이익잉여금의 변동

이익잉여금의 변동은 연차배당(현금배당과 주식배당으로 구분한다), 중간배당, 그 밖의 전기 말 미처분이익잉여금의 처분 및 당기순이익(또는 당기순손실)으로 구분하여 표시한다.

제9장

이익잉여금처분계산서 및 결손금처리계산서

I. 이익잉여금처분계산서

제53조(이익잉여금처분계산서)
① 이익잉여금처분계산서는 이익잉여금의 처분사항을 보고하는 재무보고서이다.
② 이익잉여금처분계산서의 항목은 다음 각 호와 같이 구분하여 표시한다. [별지 제4호 서식 참조]
  1. 미처분이익잉여금: 전기이월미처분이익잉여금(또는 전기이월미처리결손금)에 중간배당액 및 당기순이익(또는 당기순손실) 등을 차감하거나 가산한 금액으로 한다.
  2. 임의적립금등의 이입액: 임의적립금 등을 이입하여 당기의 이익잉여금처분에 충당하는 경우에는 그 금액을 미처분이익잉여금에 가산하는 형식으로 표시한다.
  3. 이익잉여금처분액: 이익잉여금의 처분은 다음 각 목의 항목으로 구분하여 표시한다.
     가. 이익준비금
     나. 기타법정적립금
     다. 이익잉여금처분에 의한 상각 등: 주식할인발행차금상각, 자기주식처분손실잔액 등으로 구분한다.

> 라. 배당금: 당기에 처분할 배당액을 현금배당과 주식배당으로 구분하여 표시한다.
> 마. 임의적립금
> 4. 차기이월미처분이익잉여금: 미처분이익잉여금과 임의적립금이입액의 합계에서 이익잉여금처분액을 차감한 금액으로 한다.

1. 이익잉여금처분계산서의 정의

이익잉여금처분계산서는 이익잉여금의 처분사항을 보고하는 재무보고서이다.

2. 이익잉여금처분계산서의 항목

이익잉여금처분계산서의 항목은 다음 항목과 같이 구분하여 표시한다.

가. 미처분이익잉여금

미처분이익잉여금은 전기이월미처분이익잉여금(또는 전기이월미처리결손금)에 중간배당액 및 당기순이익(또는 당기순손실) 등을 차감하거나 가산한 금액으로 한다.

나. 임의적립금 등의 이입액

임의적립금등의 이입액은 임의적립금 등을 이입하여 당기의 이익잉여금처분에 충당하는 경우에는 그 금액을 미처분이익잉여금에 가산하는 형식으로 표시한다.

다. 이익잉여금처분액

이익잉여금의 처분은 다음 각 목의 항목으로 구분하여 표시한다.

가. 이익준비금
나. 기타법정적립금
다. 이익잉여금처분에 의한 상각 등: 주식할인발행차금상각, 자기주식처분손실 잔액 등으로 구분한다.

라. 배당금: 당기에 처분할 배당액을 현금배당과 주식배당으로 구분하여 표시한다.

마. 임의적립금

라. 차기이월이익잉여금

차기이월미처분이익잉여금은 미처분이익잉여금과 임의적립금이입액의 합계에서 이익잉여금처분액을 차감한 금액으로 한다.

II. 결손금처리계산서

제54조(결손금처리계산서)
① 결손금처리계산서는 결손금의 처리사항을 보고하는 재무보고서이다.
② 결손금처리계산서의 항목은 다음 각 호와 같이 구분하여 표시한다. [별지 제5호 서식 참조]
  1. 미처리결손금: 전기이월미처리결손금(또는 전기이월미처분이익잉여금)에 중간배당액 및 당기순이익(또는 당기순손실) 등을 차감하거나 가산한 금액으로 한다.
  2. 결손금처리액: 임의적립금이입액, 기타법정적립금이입액, 이익준비금이입액, 자본잉여금이입액으로 구분하여 표시한다.
  3. 차기이월미처리결손금: 미처리결손금에서 결손금처리액을 차감한 금액으로 한다.

1. 결손금처리계산서의 정의

결손금처리계산서는 결손금의 처리사항을 보고하는 재무보고서이다.

2. 결손금처리계산서 항목

결손금처리계산서의 항목은 다음의 항목과 같이 구분하여 표시한다.

가. 미처리결손금

미처리결손금은 전기이월미처리결손금(또는 전기이월미처분이익잉여금)에 중간배당액 및 당기순이익(또는 당기순손실) 등을 차감하거나 가산한 금액으로 한다.

나. 결손금처리액

결손금처리액은 임의적립금이입액, 기타법정적립금이입액, 이익준비금이입액, 자본잉여금이입액으로 구분하여 표시한다.

다. 차기이월결손금

차기이월미처리결손금: 미처리결손금에서 결손금처리액을 차감한 금액으로 한다.

제10장

주석과 부칙

I. 주석

제55조(주석의 정의) '주석'이란 대차대조표·손익계산서와 자본변동표 또는 이익잉여금처분계산서(또는 결손금처리계산서)에 표시된 항목을 구체적으로 설명하거나 세분화하는 정보와 해당 재무제표의 인식 조건을 충족하지 못하는 항목에 대해 추가적으로 제공하는 정보를 말한다.

제56조(주석 기재 사항) 다음 각 호의 사항은 주석으로 기재할 수 있다.
1. 중소기업회계기준에 따라 재무제표를 작성하였다는 사실
2. 이 기준에서 둘 이상의 회계정책 가운데 하나를 선택할 수 있게 하는 경우, 적용된 회계정책
3. 회계정책의 변경과 오류수정의 내용
4. 매입채무, 차입금, 사채, 미지급금 등 현금 등으로 상환하여야 하는 부채의 주요 내용
5. 제공한 담보·보증의 주요 내용
6. 특수관계인(법인세법 시행령 제87조의 정의에 따른다)과의 중요한 거래의 내용
7. 타인으로부터 제기된 회계연도 말 현재 진행 중인 소송 사건의 내용, 소송금액, 진행 상황 등

> 8. 매출채권 등을 양도한 경우, 만기가 도래하지 않은 부분의 금액과 양도의 조건
> 9. 정부보조금 또는 공사부담금을 관련 자산에서 직접 차감한 경우 해당 회계연도에 수령한 정부보조금 또는 공사부담금의 금액 및 관련 내용
> 10. 대차대조표, 손익계산서, 자본변동표 또는 이익잉여금처분계산서(또는 결손금처리계산서)의 본문에 표시되지 않는 사항으로서 재무제표를 이해하는 데 필요한 추가 정보

1. 주석의 정의

'주석'이란 대차대조표·손익계산서와 자본변동표 또는 이익잉여금처분계산서(또는 결손금처리계산서)에 표시된 항목을 구체적으로 설명하거나 세분화하는 정보와 해당 재무제표의 인식 조건을 충족하지 못하는 항목에 대해 추가적으로 제공하는 정보를 말한다.

2. 주석 기재 사항

다음 각각의 사항은 주석으로 기재할 수 있다.

① 중소기업회계기준에 따라 재무제표를 작성하였다는 사실
② 중소기업회계기준에서 둘 이상의 회계정책 가운데 하나를 선택할 수 있게 하는 경우, 적용된 회계정책
③ 회계정책의 변경과 오류수정의 내용
④ 매입채무, 차입금, 사채, 미지급금 등 현금 등으로 상환하여야 하는 부채의 주요 내용
⑤ 제공한 담보·보증의 주요 내용
⑥ 특수관계인(법인세법 시행령 제87조의 정의에 따른다)과의 중요한 거래의 내용
⑦ 타인으로부터 제기된 회계연도 말 현재 진행 중인 소송 사건의 내용, 소송 금액, 진행 상황 등

⑧ 매출채권 등을 양도한 경우, 만기가 도래하지 않은 부분의 금액과 양도의 조건
⑨ 정부보조금 또는 공사부담금을 관련 자산에서 직접 차감한 경우 해당 회계연도에 수령한 정부보조금 또는 공사부담금의 금액 및 관련 내용
⑩ 대차대조표, 손익계산서, 자본변동표 또는 이익잉여금처분계산서(또는 결손금처리계산서)의 본문에 표시되지 않는 사항으로서 재무제표를 이해하는 데 필요한 추가 정보

II. 부칙

부칙 (2013.2.1.)

제1조(시행일) 이 기준은 2014년 1월 1일 이후 최초로 시작되는 회계연도부터 적용한다. 다만, 2013년 1월 1일 이후 최초로 시작되는 회계연도부터 적용할 수 있다.

제2조(최초 적용에 관한 경과조치)

① 이 기준을 처음 적용한 회계연도 전에 발생한 거래 또는 사건 등으로 인하여 재무제표에 표시되는 항목은 그 직전 회계연도 말의 장부금액을 이 기준에 따른 최초 장부금액으로 본다. 다만, 특정 항목이 실질을 반영하지 못하는 경우 최초 장부금액을 수정하고, 그에 따른 영향은 기초 이익잉여금(적절하다면 자본의 다른 항목)에 반영한다.

② 제1항 본문에 따라 재무제표를 작성하는 경우 종전 회계기준에 따른 기타포괄손익누계액(해외사업환산손익, 현금흐름위험회피 파생상품평가손익은 제외한다)은 이익잉여금으로 재분류한다.

③ 다음 각 호의 사항은 주석으로 기재할 수 있다.
  1. 직전 회계연도까지 적용한 회계기준의 명칭
  2. 제1항 단서에 따라 이 기준을 처음 적용하면서 일부 항목을 수정한 경우 다음 각 목의 사항

> 가. 수정한 항목
> 나. 자산 또는 부채의 기초 장부금액에 미친 영향
> 다. 이익잉여금 등 기초 자본에 미친 영향

1. 시행일

중소기업회계기준은 2014년 1월 1일 이후 최초로 시작되는 회계연도부터 적용한다.

다만, 2013년 1월 1일 이후 최초로 시작되는 회계연도부터 적용할 수 있다.

[주]: 중소기업회계기준은 2014년 1월 1일 이후 최초로 시작되는 회계연도부터 적용하지만, 해당 기업이 선택하는 경우 2013년 1월 1일 이후 최초로 시작되는 회계연도부터 적용할 수 있다.

2. 최초 적용에 관한 경과조치

가. 종전의 재무제표 인정

중소기업회계기준을 처음 적용한 회계연도 전에 발생한 거래 또는 사건 등으로 인하여 재무제표에 표시되는 항목은 그 직전 회계연도 말의 장부금액을 중소기업회계기준에 따른 최초 장부금액으로 본다. 다만, 특정 항목이 실질을 반영하지 못하는 경우 최초 장부금액을 수정하고, 그에 따른 영향은 기초 이익잉여금(적절하다면 자본의 다른 항목)에 반영한다.

[주]: 중소기업회계기준 최초 적용시 종전 재무제표의 장부금액을 그대로 승계하지만, 특정 항목이 실질을 반영하지 못하는 경우 최초 장부금액을 수정하고, 그에 따른 영향은 기초 이익잉여금에 반영할 수 있도록 하였다. 따라서 부외자산 등이 있는 경우, 최초 적용시 장부에 반영할 수 있을 것이다.

나. 종전 재무제표의 기타포괄손익누계액의 처리

최초 적용시 중소기업회계기준에 따라 재무제표를 작성하는 경우 종전 회계기준[예일반기업회계기준 등]에 따른 기타포괄손익누계액(해외사업환산손익, 현금흐름위험회피 파생상품평가손익은 제외한다)은 이익잉여금으로 재분류한다.

다. 주석사항 기재

다음 각각의 사항은 주석으로 기재할 수 있다.

① 직전 회계연도까지 적용한 회계기준의 명칭
② 중소기업회계기준을 최초로 적용하면서 일부 항목을 수정한 경우 다음 각 목의 사항
   가. 수정한 항목
   나. 자산 또는 부채의 기초 장부금액에 미친 영향
   다. 이익잉여금 등 기초 자본에 미친 영향

부 록

「중소기업회계기준」 고시

〔시행 2014. 1. 1.〕〔법무부고시 제2013-0029호, 2013. 2. 1. 제정〕
법무부 법무실 상사법무과

「상법」 제446조의2 및 같은 법 시행령 제15조 제3호에 따라 법무부 장관이 금융위원회 및 중소기업청장과 협의하여 고시하는 회계기준은 다음과 같다.

「중소기업회계기준」

제1장 총칙

제1조(목적) 중소기업회계기준(이하 '이 기준'이라 한다)은 상법 시행령 제15조 제3호에 따른 주식회사의 회계처리와 재무보고에 관한 기준을 정함을 목적으로 한다.

제2조(적용) 이 기준은 상법 시행령 제15조 제3호에 따른 주식회사(이하 '회사'라 한다)의 회계처리에 적용한다. 다만, 회사가 주식회사의 외부감사에 관한 법률 제13조에 따른 회계기준(한국채택국제회계기준 또는 일반기업회계기준을 말한다)을 적용하는 경우에는 그러하지 아니하다.

제3조(회계정책의 선택) 거래, 그 밖의 사건 또는 상황에 적용되는 회계정책은 이 기준을 적용하여 결정한다. 다만, 구체적으로 적용할 수 있는 기준이 없는 경우 일반기업회계기준을 참조하여 회계처리한다.

제4조(재무제표)
① 이 기준에서 재무제표는 다음 각 호의 서류로 구성된다. 다만, 제3호와 제4호의 경우 하나를 선택하여 작성한다.
   1. 대차대조표
   2. 손익계산서

3. 자본변동표
4. 이익잉여금처분계산서 또는 결손금처리계산서
② 재무제표는 직전 회계연도 분과 해당 회계연도 분을 비교하는 형식으로 작성한다. 다만, 해당 회계연도 분만 작성할 수 있다.
③ 재무제표가 이 기준에 따라 작성된 경우에는 각 재무제표 아래에 중소기업회계기준에 따라 작성되었다는 사실을 기재한다.

제5조(항목의 통합 및 구분 표시)
① 성격이나 금액이 중요하지 아니한 항목은 성격이 비슷한 항목에 통합하여 표시할 수 있다.
② 성격과 금액이 중요한 항목은 그 내용을 잘 나타낼 수 있는 적절한 항목으로 구분하여 표시한다.

제2장 대차대조표

제6조(대차대조표 작성기준)
① 대차대조표는 회계연도 말 현재 회사의 자산, 부채와 자본에 대한 정보를 제공하는 재무보고서이다.
② 대차대조표에는 회계연도 말 현재의 모든 자산, 부채 및 자본을 적정하게 표시한다. [별지 제1호 서식 참조]
③ 대차대조표 구성요소의 정의는 다음 각 호와 같다.
  1. '자산'이란 과거의 거래나 사건의 결과로 현재 회사가 통제하고 미래에 경제적 효익을 창출할 것으로 예상되는 자원을 말한다.
  2. '부채'란 과거의 거래나 사건의 결과로 현재 회사가 부담하고 있고 미래에 자원이 유출되거나 사용될 것으로 예상되는 의무를 말한다.
  3. '자본'이란 회사의 자산 총액에서 부채 총액을 차감한 잔여 금액으로 회사의 자산에 대한 주주의 잔여청구권을 말한다.
④ 자산과 부채는 각각 다음 각 호의 조건을 충족하는 경우에 대차대조표에 인식한다.

1. 자산: 해당 항목에서 발생하는 미래경제적 효익이 회사에 유입될 가능성이 매우 높고, 그 원가를 신뢰성 있게 측정할 수 있다.
2. 부채: 해당 의무를 이행하기 위하여 경제적 자원이 유출될 가능성이 매우 높고, 의무의 이행에 소요되는 금액을 신뢰성 있게 측정할 수 있다.

⑤ 자산, 부채 및 자본은 다음 각 호에 따라 구분한다.
1. 자산은 회계연도 말부터 1년 이내에 현금화되거나 실현될 것으로 예상되면 유동자산으로, 그 밖의 경우는 비유동자산으로 구분하고, 유동자산과 비유동자산은 다음 각 목과 같이 구분한다.
   가. 유동자산: 당좌자산, 재고자산
   나. 비유동자산: 투자자산, 유형자산, 무형자산, 기타비유동자산
2. 부채는 회계연도 말부터 1년 이내에 상환 등을 통하여 소멸할 것으로 예상되면 유동부채로, 그 밖의 경우는 비유동부채로 구분한다.
3. 자본은 자본금, 자본잉여금, 자본조정과 이익잉여금 또는 결손금으로 구분한다.

⑥ 자산과 부채는 유동성이 높은 항목부터 배열한다.
⑦ 자산과 부채는 상계하여 표시하지 않는다. 다만, 회사가 채권과 채무를 상계할 수 있는 법적 권리를 가지고 있고, 채권과 채무를 차액으로 결제하거나 동시에 결제할 의도가 있다면 상계하여 표시한다.
⑧ 가지급금이나 가수금 등은 그 내용을 나타내는 적절한 항목으로 표시한다.

제7조(당좌자산)

① '당좌자산'이란 재고자산에 속하지 않는 유동자산을 말한다.
② 당좌자산에는 현금및현금성자산, 단기투자자산, 매출채권, 선급비용, 미수수익, 미수금과 선급금 등이 포함된다.
③ 매출채권, 대여금, 미수금, 미수수익 등에 대한 대손충당금은 해당 자산의 차감계정으로 대차대조표에 표시한다.

제8조(매출채권 등의 양도) 매출채권, 대여금 등을 양도하는 경우, 그 자산을 대차대조표에서 제거하고 장부금액과 수취한 대가의 차액은 매출채권처분손익 등 당기손익으로 인식한다.

제9조(재고자산)

① '재고자산'이란 일상적인 사업과정에서 판매하기 위하여 보유하거나 생산과정에 있는 자산과 생산 또는 용역 제공 과정에 투입될 자산을 말한다.
② 재고자산에는 상품, 제품, 반제품, 재공품, 원재료와 저장품 등이 포함된다.
③ 재고자산평가충당금은 재고자산 각 항목의 차감계정으로 대차대조표에 표시한다.

제10조(투자자산)

① '투자자산'이란 장기적인 투자 수익 등과 같이 주된 영업활동이 아닌 부수적인 활동의 결과로 보유하는 자산을 말한다.
② 투자자산에는 투자부동산, 장기투자증권과 장기대여금 등이 포함된다.

제11조(유형자산)

① '유형자산'이란 재화를 생산하거나 용역을 제공하기 위하여, 또는 타인에게 임대하거나 직접 사용하기 위하여 보유한 물리적 형체가 있는 자산으로 1년을 초과하여 사용할 것으로 예상되는 자산을 말한다.
② 유형자산에는 토지, 건물, 구축물, 기계장치, 차량운반구와 건설중인자산 등이 포함된다.
③ 유형자산의 감가상각누계액과 손상차손누계액은 유형자산 각 항목의 차감계정으로 대차대조표에 표시한다.
④ 유형자산을 폐기하거나 처분하는 경우 그 자산을 대차대조표에서 제거하고 처분금액과 장부금액의 차액을 유형자산처분손익으로 인식한다.

제12조(무형자산)

① '무형자산'이란 재화를 생산하거나 용역을 제공하기 위하여, 또는 타인에게 임대하거나 직접 사용하기 위하여 보유한, 물리적 형체가 없는 비화폐성 자산을 말한다.
② 무형자산에는 지식재산권, 개발비, 컴퓨터소프트웨어, 광업권, 임차권리금과 영업권 등이 포함된다.

③ 무형자산은 상각누계액과 손상차손누계액을 취득원가에서 직접 차감한 잔액으로 대차대조표에 표시한다.
④ 무형자산을 처분하는 경우 그 자산을 대차대조표에서 제거하고 처분금액과 장부금액의 차액을 무형자산처분손익으로 인식한다.

제13조(기타비유동자산)
① '기타비유동자산'이란 투자자산, 유형자산 및 무형자산에 속하지 않는 비유동자산을 말한다.
② 기타비유동자산에는 임차보증금, 장기매출채권, 장기선급비용과 장기미수금 등이 포함된다.

제14조(유동부채)
① '유동부채'란 회계연도 말부터 1년 이내에 상환 등을 통하여 소멸할 것으로 예상되는 부채를 말한다.
② 유동부채에는 단기차입금, 매입채무, 미지급법인세, 미지급비용, 미지급금, 선수금, 선수수익, 예수금과 유동성장기부채 등이 포함된다.

제15조(비유동부채)
① '비유동부채'란 유동부채를 제외한 모든 부채를 말한다.
② 비유동부채에는 장기매입채무, 사채, 장기차입금과 퇴직급여충당부채 등이 포함된다.

제16조(매입채무 등의 제거) 매입채무, 차입금, 사채 등이 소멸하거나 제3자에게 이전되는 경우, 그 부채를 대차대조표에서 제거하고 장부금액과 지급한 대가(양도한 비현금자산이나 부담한 부채를 포함한다)의 차액은 당기손익으로 인식한다.

제17조(종업원급여)
① 종업원이 근무용역을 제공한 때 이에 대한 대가의 금액을 신뢰성 있게 측정할 수 있다면 급여로 인식하고, 이미 지급한 금액을 차감한 후 추가로 지급해

야 하는 금액을 미지급비용으로 인식한다.
② 퇴직금제도의 경우 회계연도 말 현재 모든 종업원이 일시에 퇴직한다면 지급해야 할 퇴직일시금에 상당하는 금액을 퇴직급여충당부채로 인식한다.
③ 확정급여형퇴직연금제도의 경우 다음 각 호에 따라 회계처리한다.
   1. 회계연도 말 현재 모든 종업원이 일시에 퇴직한다면 지급해야 할 퇴직일시금에 상당하는 금액을 퇴직급여충당부채로 인식한다.
   2. 확정급여형퇴직연금제도에서 운용되는 자산은 하나로 통합하여 퇴직연금운용자산으로 표시한다.
   3. 퇴직연금운용자산은 퇴직급여충당부채의 차감계정으로 표시한다. 다만, 퇴직연금운용자산이 퇴직급여충당부채보다 큰 경우에는 그 초과액을 투자자산의 퇴직연금운용자산으로 표시한다.
④ 확정기여형퇴직연금제도의 경우 해당 회계연도에 대해 회사에서 납부해야 하는 부담금(기여금)을 퇴직급여로 인식하고, 회계연도 말 현재 아직 납부하지 않은 기여금은 미지급비용으로 인식한다.

제18조(그 밖의 충당부채)
① 타인의 채무 등에 관한 보증, 계류 중인 소송사건, 하자보수 약정 등은 지출의 시기 또는 금액이 확실하지 않더라도 제6조 제3항 제2호 부채의 정의와 같은 조 제4항 제2호 부채의 인식조건을 모두 충족한다면 충당부채를 인식한다.
② 충당부채로 인식하는 금액은 현재의무의 이행에 소요되는 지출에 대해 회계연도 말 현재 관련된 사건과 상황에 대한 불확실성을 고려한 최선의 추정치이다.
③ 상황이 달라져서 더 이상 제1항의 충당부채의 인식 조건을 충족하지 아니하게 되면, 관련 충당부채는 환입하여 당기에 이익으로 인식한다.

제19조(자본금) '자본금'이란 상법 제451조에 따른 자본금을 말한다.

제20조(자본잉여금)
① '자본잉여금'이란 주주와의 자본거래에서 발생하여 자본을 증가시키는 잉여금

을 말한다.
② 자본잉여금에는 주식발행초과금, 자기주식처분이익과 감자차익 등이 포함된다.

제21조(자본조정)
① '자본조정'이란 자본거래에 해당하지만 자본금 또는 자본잉여금으로 분류할 수 없는 항목과 당기에 손익으로 인식되지 않은 평가차손익의 누계액을 말한다.
② 자본조정에는 자기주식, 주식할인발행차금, 감자차손, 자기주식처분손실, 해외사업환산손익 등이 포함된다.

제22조(이익잉여금 또는 결손금) 이익잉여금(또는 결손금)이란 손익계산서에 보고된 손익에 다른 자본항목에서 이입된 금액을 가산한 금액에서 주주에 대한 배당, 자본금 전입과 자본조정 항목의 상각 등으로 처분된 금액을 차감한 잔액을 말한다.

제3장 손익계산서

제23조(손익계산서 작성기준)
① 손익계산서는 한 회계연도의 회사의 경영성과에 대한 정보를 제공하는 재무보고서이다.
② 손익계산서에는 그 회계연도에 속하는 모든 수익과 이에 대응하는 모든 비용을 적정하게 표시한다.
③ 손익계산서는 다음 각 호에 따라 작성한다. [별지 제2호 서식 참조]
  1. 모든 수익과 비용은 그것이 발생한 회계연도에 배분되도록 회계처리한다. 이 경우 발생한 원가가 자산으로 인식되는 경우를 제외하고는 비용으로 인식한다.
  2. 수익과 비용은 그 발생 원천에 따라 명확하게 분류하고, 수익항목과 이에 관련되는 비용항목은 대응하여 표시한다.
  3. 수익과 비용은 총액으로 표시하는 것을 원칙으로 한다. 다만, 이 기준에서 수익과 비용을 상계하도록 요구하는 경우에는 상계하여 표시하고, 허용하는 경우에는 수익과 비용을 상계하여 표시할 수 있다.

4. 손익계산서는 다음 각 목과 같이 구분하여 표시한다. 다만, 제조업, 판매업 및 건설업 외의 회사는 매출총이익(또는 손실)을 구분하여 표시하지 아니할 수 있다.
   가. 매출액
   나. 매출원가
   다. 매출총이익(또는 손실)
   라. 판매비와관리비
   마. 영업이익(또는 손실)
   바. 영업외수익
   사. 영업외비용
   아. 법인세비용차감전순이익(또는 손실)
   자. 법인세비용
   차. 당기순이익(또는 손실)

제24조(수익의 인식 시점)

① 재화를 판매하거나 용역을 제공하고 이에 대한 대가를 받을 권리를 갖게 되었을 때 수익을 인식한다. 다만, 회수기간이 1년 이상인 할부매출은 할부금회수기일에 수익을 인식할 수 있다.

② 용역 제공과 건설형 공사계약의 경우, 진행률과 이미 발생한 원가와 거래를 완료하기 위하여 투입해야 할 원가를 신뢰성 있게 측정할 수 있다면 대가를 받을 권리를 갖게 된 것으로 보아 진행률에 따라 용역이 제공되거나 공사 또는 제작이 진행되는 회계연도에 걸쳐 수익을 인식한다. 다만, 1년 내에 완료·완성되는 용역 및 건설형 공사계약은 각각 용역 제공을 완료한 날과 공사 또는 제작을 완성한 날에 수익을 인식할 수 있다.

③ 이자수익과 배당금수익은 다음 각 호에 따라 인식한다. 다만, 각 회계연도의 손익에 미치는 영향이 중요하지 않다면 실제로 현금을 받은 시점에 수익을 인식할 수 있다.
  1. 이자수익: 유효이자율법이나 정액법을 적용하여 기간의 경과에 따라 인식한다.
  2. 배당금수익: 배당금을 받을 권리와 금액이 확정되는 시점에 인식한다.

제25조(수익의 측정) 수익은 재화를 판매하거나, 용역을 제공하거나, 자산을 사용하게 하여 받았거나 받을 대가로 측정하고, 매출에누리, 매출할인과 매출환입은 수익에서 차감한다.

제26조(매출액) '매출액'이란 회사의 주된 영업활동에서 발생한 제품, 상품 또는 용역 등의 총매출액에서 매출에누리, 매출할인과 매출환입을 차감한 금액을 말한다. 이 경우 일정 기간의 거래수량 또는 거래금액에 따라 매출액을 실질적으로 감소시키는 것은 매출에누리에 포함한다.

제27조(매출원가)
① '매출원가'란 제품, 상품 또는 용역 등의 매출액에 직접 대응되는 원가를 말한다.
② 재고자산의 순실현가능가치(일상적인 사업과정의 추정판매가격에서 판매할 때까지 발생하는 추정원가를 차감한 금액을 말한다. 이하 같다)가 장부금액보다 하락하여 발생한 평가손실은 매출원가에 가산한다.
③ 재고자산의 평가손실환입은 최초 장부금액을 초과하지 않는 범위로 한정하고, 매출원가에서 차감한다.
④ 재고자산의 장부 수량과 실제 수량의 차이에서 발생하는 재고자산감모손실 가운데 정상적으로 발생한 부분은 매출원가에 가산한다.

제28조(매출총이익) 매출총이익(또는 손실)은 매출액에서 매출원가를 차감하여 산출한다.

제29조(판매비와관리비)
① '판매비와관리비'란 제품, 상품 또는 용역 등의 판매활동과 회사의 관리활동에서 발생하는 비용을 말하며, 매출원가에 속하지 아니하는 모든 영업비용이 포함된다.
② 판매비와관리비에는 급여, 퇴직급여, 복리후생비, 임차료, 접대비, 감가상각비, 무형자산상각비, 세금과공과, 광고선전비, 연구비, 경상개발비와 대손상각비 등이 포함된다.

③ 영업활동과 관련된 비용이 감소하여 발생하는 퇴직급여충당부채환입과 대손충당금환입 등은 판매비와관리비의 부(-)의 금액으로 표시한다.
④ 연구단계와 개발단계에서 발생한 지출은 발생한 회계연도에 판매비와관리비로 인식한다. 다만, 개발단계에서 발생한 지출이 제6조 제3항 제1호 자산의 정의와, 같은 조 제4항 제1호 자산의 인식 조건을 모두 충족한다면 무형자산의 개발비로 인식한다.

제30조(영업이익) 영업이익(또는 손실)은 매출총이익(또는 손실)에서 판매비와관리비를 차감하여 산출한다.

제31조(영업외수익)
① '영업외수익'이란 회사의 주된 영업활동이 아닌 활동에서 발생한 수익과 차익을 말한다.
② 영업외수익에는 이자수익, 배당금수익(주식배당액은 제외한다), 임대료, 단기투자자산처분이익, 단기투자자산평가이익, 외환차익, 외화환산이익, 장기투자증권손상차손환입, 유형자산처분이익, 사채상환이익과 전기오류수정이익 등이 포함된다.

제32조(영업외비용)
① '영업외비용'이란 회사의 주된 영업활동이 아닌 활동에서 발생한 비용과 차손을 말한다.
② 영업외비용에는 이자비용, 기타대손상각비, 단기투자자산처분손실, 단기투자자산평가손실, 재고자산감모손실(비정상적으로 발생한 부분에 한정한다), 외환차손, 외화환산손실, 기부금, 장기투자증권손상차손, 유형자산처분손실, 사채상환손실과 전기오류수정손실 등이 포함된다.

제33조(법인세비용차감전순이익) 법인세비용차감전순이익(또는 손실)은 영업이익(또는 손실)에 영업외수익을 가산하고 영업외비용을 차감하여 산출한다.

제34조(법인세비용) '법인세비용'이란 법인세법에 따라 납부하여야 할 금액인 법인세와 이에 부가되는 세액을 말하며, 과거 회계연도와 관련된 법인세 추납액 또는 환급액도 포함한다.

제35조(당기순이익) 당기순이익(또는 손실)은 법인세비용차감전순이익(또는 손실)에서 법인세비용을 차감하여 산출한다.

제4장 자산·부채의 평가

제36조(자산의 평가기준)
① 자산은 최초에 취득원가로 인식한다.
② 교환, 현물출자, 증여, 그 밖에 무상으로 취득한 자산은 공정가치(합리적인 판단력과 거래 의사가 있는 독립된 당사자 사이의 거래에서 자산이 교환되거나 부채가 결제될 수 있는 금액을 말한다. 이하 같다)를 취득원가로 한다. 다만, 같은 종류의 자산(토지와 건물을 제외한다)을 교환하였을 때에는 제공한 자산의 장부금액을 취득원가로 한다.
③ 이 기준에서 별도로 정하는 경우를 제외하고는, 자산의 진부화, 물리적인 손상 또는 시장가치의 급격한 하락 등으로 자산의 순공정가치(공정가치에서 처분부대원가를 차감한 금액을 말한다. 이하 같다)가 장부금액보다 중요하게 낮으면 장부금액을 순공정가치로 조정하고, 그 차액을 손상차손으로 인식한다.
④ 과거 회계연도에 인식한 손상차손이 더 이상 존재하지 않거나 감소하였다면 자산의 순공정가치가 장부금액을 초과하는 금액은 손상차손환입으로 인식한다. 다만, 손상차손환입으로 증가된 장부금액은 과거에 손상차손을 인식하기 전 장부금액의 감가상각 또는 상각 후 잔액을 초과할 수 없다.

제37조(재고자산의 평가)
① 재고자산의 취득원가는 매입원가 또는 제조원가를 말한다.
② 재고자산의 취득 과정에서 정상적으로 발생한 부대원가는 취득원가에 포함하고, 매입에누리, 매입할인과 매입환출은 취득원가에서 차감한다. 이 경우 일정 기

간의 거래 수량 또는 금액에 따라 매입액을 실질적으로 감소시키는 것은 매입에누리에 포함한다.
③ 취득이 시작된 날부터 의도한 용도로 사용·판매할 수 있는 상태가 될 때까지 1년 이상이 걸리는 재고자산의 취득 자금에 포함된 차입금의 이자비용 등은 법인세법 제28조를 준용하여 해당 자산의 취득원가에 포함할 수 있다.
④ 재고자산이 파손, 부패 등과 같이 물리적으로 손상되거나, 장기간 판매되지 아니하거나, 진부화되어 판매가치가 하락하는 등으로 순실현가능가치가 취득원가보다 중요하게 낮아지면 순실현가능가치를 장부금액으로 한다.
⑤ 재고자산의 단위원가는 개별법, 선입선출법, 평균법, 후입선출법 또는 매출가격환원법(소매재고법)을 사용하여 결정한다.

제38조(유형자산과 무형자산의 평가)
① 유형자산과 무형자산의 취득원가는 구입가격 또는 제작원가와 의도하는 방식으로 자산을 가동하는 데 필요한 장소와 상태에 이르게 하는 데 직접 관련되는 원가를 포함하며, 매입에누리, 매입할인과 매입환출을 차감한 금액을 말한다.
② 유형자산과 무형자산의 취득 자금에 포함된 차입금의 이자비용 등은 법인세법 제28조에 따라 해당 자산의 취득원가에 포함할 수 있다.
③ 유형자산과 무형자산의 생산능력을 향상시키거나 내용연수를 연장시키는 등 자산의 가치를 실질적으로 높이는 지출(이하 '자본적 지출'이라 한다)은 해당 자산의 장부금액에 가산하고, 원상을 회복시키거나 능률을 유지하기 위한 지출은 발생한 회계연도의 비용으로 인식한다.
④ 최초 인식 후에 유형자산과 무형자산의 장부금액은 다음 각 호에 따라 결정한다.
  1. 유형자산: 취득원가(자본적 지출을 포함한다. 이하 이 조에서 같다)에서 감가상각누계액과 손상차손누계액을 차감한 금액
  2. 무형자산: 취득원가에서 상각누계액과 손상차손누계액을 차감한 금액
⑤ 취득원가에서 잔존가치를 차감하여 결정되는 유형자산의 감가상각대상금액과 무형자산의 상각대상금액은 해당 자산을 사용할 수 있는 때부터 내용연수에 걸쳐 배분한다.

⑥ 잔존가치는 다음 각 호에 따라 결정한다. 다만, 잔존가치는 법인세법 제23조에 따라 결정할 수 있다.
  1. 유형자산: 내용연수가 끝나는 시점의 예상처분대가에서 예상처분원가를 차감한 금액으로 추정한다.
  2. 무형자산: 잔존가치는 없는 것으로 한다. 다만, 경제적 내용연수보다 짧은 상각기간을 정한 경우, 상각기간이 끝나는 시점에 잔존가치가 존재할 가능성이 매우 높다면 제1호를 준용할 수 있다.
⑦ 유형자산과 무형자산의 내용연수는 자산의 예상 사용기간이나 생산량 등을 고려하여 합리적으로 결정한다. 이 경우 무형자산의 상각기간은 독점적·배타적인 권리를 주는 관계 법령이나 계약에서 정해진 경우를 제외하고는 20년을 초과할 수 없다. 다만, 내용연수는 법인세법 제23조에 따라 결정할 수 있다.
⑧ 유형자산의 감가상각방법과 무형자산의 상각방법은 다음 각 호에서 정하는 방법 중 하나를 선택한다. 다만, 사업결합에서 발생한 영업권에는 정액법을 사용한다.
  1. 유형자산: 정액법, 정률법, 생산량비례법
  2. 무형자산: 정액법, 생산량비례법
⑨ 잔존가치 또는 내용연수에 대한 추정이 변경되거나 감가상각방법·상각방법이 변경되는 경우에는 전진적으로 회계처리하여 그 효과를 당기와 그 이후의 회계연도에 반영한다.

제39조(유가증권의 평가)
① 유가증권의 취득원가에는 거래원가를 포함한다. 다만, 시장가격이 있는 유가증권의 경우 해당 자산의 거래원가를 최초 인식하는 시점에 비용으로 회계처리한다.
② 시장가격이 있는 유가증권은 시장가격으로 평가하고 시장가격 변동에 따른 보유손익은 단기투자자산평가손익 등으로 회계처리한다. 이 경우 시장가격이 있는 유가증권이란 한국거래소가 개설한 유가증권시장, 코스닥시장 또는 공신력 있는 외국의 증권거래시장(뉴욕증권거래소, 런던증권거래소 등)에서 거래되는 지분증권과 채무증권을 말한다. 다만, 시장가격으로 평가해 온 유가증권이 시장성을 잃으면 그 시점의 장부금액으로 평가한다.

③ 시장가격이 없는 주식, 출자금 등의 지분증권은 취득원가로 측정한다.
④ 시장가격이 없는 국채·공채, 회사채 등의 채무증권은 장부금액과 만기금액에 차이가 있는 경우 그 차이를 상환기간에 걸쳐 유효이자율법이나 정액법으로 상각하여 장부금액과 이자수익에 반영한다.
⑤ 시장가격이 없는 유가증권에 손상이 발생하였다는 객관적인 증거가 있으면 회수가능액을 추정하여 장부금액과의 차이를 손상차손으로 인식한다. 다만, 손상차손을 인식할 필요가 없다는 명백한 증거가 있거나 손상차손 금액이 중요하지 않은 경우에는 손상차손을 인식하지 않을 수 있다.
⑥ 손상차손이 회복된 경우에는 이전에 인식하였던 손상차손 금액을 한도로 하여 회복된 금액을 손상차손환입으로 인식한다.

제40조(매출채권 등의 평가)

① 제36조 제1항에도 불구하고 매출채권, 대여금, 미수금, 미수수익 등(이하 '매출채권 등'이라 한다)은 현재가치평가를 아니할 수 있다.
② 매출채권 등의 장부금액과 만기금액에 차이가 있는 경우 그 차이를 상환기간에 걸쳐 유효이자율법이나 정액법으로 상각하여 장부금액과 이자수익에 반영한다.
③ 원금이나 이자 등의 일부 또는 전부를 회수하지 못할 가능성이 있는 매출채권 등은 합리적이고 객관적인 기준에 따라 대손추산액을 산출하여 대손충당금으로 설정하고, 기존 대손충당금 잔액과의 차이는 대손상각비로 인식한다.
④ 매출채권 등의 원금이나 이자 등의 일부 또는 전부를 회수할 수 없게 된 경우, 대손충당금과 상계하고, 대손충당금이 부족한 경우에는 그 부족액을 대손상각비로 인식한다.
⑤ 제3항과 제4항의 경우 매출채권에 대한 대손상각비는 판매비와관리비의 대손상각비로, 그 밖의 채권에 대한 대손상각비는 영업외비용의 기타대손상각비로 구분한다.

제41조(매입채무 등의 평가)

① 매입채무, 차입금, 사채, 미지급금, 미지급비용, 예수금 등(이하 '매입채무 등'

이라 한다)은 부담하는 채무액으로 최초에 측정한다. 다만, 현재가치평가를 아니할 수 있다.
② 매입채무 등의 장부금액과 만기금액에 차이가 있는 경우 그 차이를 상환기간에 걸쳐 유효이자율법이나 정액법으로 상각하여 장부금액과 이자비용에 반영한다.

제42조(외화거래)
① 외화로 이루어지는 거래는 최초에 그 거래일의 외화와 원화 사이의 현물환율을 외화금액에 적용하여 인식한다.
② 화폐성외화자산·부채는 매 회계연도 말에 마감환율로 다시 환산하고, 비화폐성외화자산·부채는 해당 자산을 취득하거나 해당 부채를 부담한 당시의 환율로 환산한다.
③ 화폐성외화자산·부채의 환산에서 발생하는 외화환산손익 및 결제시점에 발생하는 외환차손익은 해당 손익이 발생하는 회계연도의 손익으로 인식한다.

제5장 회계정책·회계추정의 변경과 오류수정

제43조(회계정책 및 회계추정의 변경)
① 재무제표를 작성할 때 채택한 회계정책이나 회계추정은 비슷한 종류의 사건 또는 거래의 회계처리에도 동일하게 적용한다.
② '회계정책의 변경'이란 재무제표의 작성에 적용하던 회계정책을 다른 회계정책으로 바꾸는 것을 말한다. 이 경우 회계정책의 변경에는 재고자산의 단위원가결정방법 변경과 유형자산의 감가상각방법 변경 등이 포함된다.
③ 이 기준에서 변경을 요구하거나, 회계정책의 변경을 반영한 재무제표가 신뢰성 있고 더 목적적합한 정보를 제공하는 경우에만 회계정책을 변경할 수 있다.
④ '회계추정의 변경'이란 환경의 변화, 새로운 정보의 입수 또는 경험의 축적에 따라 회계적 추정치의 근거와 방법 등을 바꾸는 것을 말한다. 이 경우 회계추정에는 대손의 추정, 재고자산의 진부화 여부에 대한 판단과 평가, 충당부채의 추정, 감가상각자산의 내용연수 또는 잔존가치의 추정 등이 포함된다.

⑤ 회계정책 또는 회계추정의 변경은 전진적으로 회계처리하여 그 효과가 당기와 그 이후의 회계연도에 반영되도록 한다.

제44조(오류수정)

① '오류수정'이란 전기 또는 그 이전 회계연도의 재무제표에 포함된 회계적 오류를 당기에 발견하여 수정하는 것을 말한다.
② 당기에 발견한 전기 또는 그 이전 회계연도의 오류는 당기에 영업외손익의 전기오류수정손익으로 회계처리한다.

제6장 자본거래

제45조(주식의 발행)

① 주식(상환우선주 등을 포함한다)을 발행하는 경우에는 다음 각 호에 따라 회계처리한다.
  1. 주식의 발행금액이 액면금액보다 큰 경우: 그 차액을 자본잉여금의 주식발행초과금으로 회계처리한다.
  2. 주식의 발행금액이 액면금액보다 작은 경우: 그 차액을 주식발행초과금의 범위에서 상계하고, 남아있는 금액이 있으면 자본조정의 주식할인발행차금으로 회계처리한다.
② 이익잉여금 처분 등으로 상각되지 않은 주식할인발행차금은 향후 발생하는 주식발행초과금과 우선적으로 상계한다.
③ 자본잉여금이나 이익잉여금을 자본금에 전입하여 주주에게 무상으로 신주를 발행하는 경우에는 주식의 액면금액을 주식의 발행금액으로 한다.

제46조(자기주식의 취득과 처분)

① 주식을 발행한 회사가 발행된 주식을 다시 취득하는 경우에는 그 취득원가를 자본조정의 자기주식으로 회계처리한다.
② 자기주식을 처분하는 경우에는 다음 각 호에 따라 회계처리한다.

1. 처분금액이 장부금액보다 큰 경우: 그 차액을 자본잉여금의 자기주식처분이익으로 회계처리한다.
2. 처분금액이 장부금액보다 작은 경우: 그 차액을 자기주식처분이익의 범위에서 상계하고, 남아있는 금액이 있으면 자본조정의 자기주식처분손실로 회계처리한다.

③ 이익잉여금 처분 등으로 상각되지 않은 자기주식처분손실은 향후 발생하는 자기주식처분이익과 우선적으로 상계한다.

제47조(주식의 소각)
① 자기주식을 소각하는 경우에는 다음 각 호에 따라 회계처리한다.
  1. 주식의 취득원가가 액면금액보다 작은 경우: 그 차액을 자본잉여금의 감자차익으로 회계처리한다.
  2. 주식의 취득원가가 액면금액보다 큰 경우: 그 차액을 감자차익의 범위에서 상계하고, 남아있는 금액이 있으면 자본조정의 감자차손으로 회계처리한다.
② 감자차손이 이익잉여금 처분 등으로 상각되지 않고 남은 잔액은 향후 발생하는 감자차익과 우선적으로 상계한다.
③ 발행한 주식을 이익으로 소각하는 경우에는 소각하는 주식의 취득원가에 해당하는 이익잉여금을 감소시킨다.
④ 주주에게 순자산을 반환하지 않으면서 주식의 액면금액이나 주식 수를 감소시키는 경우에는 감소되는 액면금액 또는 감소되는 주식 수에 해당하는 액면금액을 자본잉여금의 감자차익으로 회계처리한다.

제48조(배당)
① 주주에게 현금으로 배당하는 경우에는 그 배당액을 이익잉여금에서 차감한다.
② 주주에게 주식으로 배당하는 경우에는 발행주식의 액면금액을 배당액으로 하여 자본금을 증가시키고 이익잉여금을 감소시킨다.

제7장 특수 거래

제49조(리스거래)
① '리스거래'란 리스제공자가 자산의 사용권을 합의된 기간 동안 리스이용자에게 이전하고, 리스이용자는 사용료를 지급하는 계약을 말한다.
② 자산의 소유권이 실질적으로 리스이용자에게 이전되는 리스거래는 금융리스로, 그 밖의 경우는 운용리스로 분류한다. 이 경우, 소유권이 실질적으로 이전되는지는 계약의 형식이 아닌 거래의 실질적인 내용에 따라 판단한다.
③ 운용리스 이용자는 보증잔존가치를 차감한 최소리스료를 보다 체계적으로 인식할 수 있는 기준이 없다면, 리스기간에 걸쳐 균등하게 배분하여 비용으로 인식한다. 이 경우 '최소리스료'란 리스이용자가 리스제공자에게 지급해야 하는 금액을 말한다.
④ 금융리스 이용자는 리스자산을 장기할부로 구입한 것으로 보아 최소리스료를 리스제공자의 내재이자율로 할인한 금액과 리스자산의 공정가치 중 적은 금액을 금융리스자산과 금융리스부채로 인식하고, 금융리스자산은 리스이용자가 보유한 다른 유사한 자산과 일관성 있게 감가상각한다.

제50조(정부보조금과 공사부담금)
① 정부보조금은 해당 보조금에 부수되는 조건을 준수하고, 이를 수취할 것이라는 확신이 있을 때 인식한다.
② 자산의 취득과 관련하여 정부보조금(비화폐성 자산을 포함한다)을 받은 경우에는 다음 각 호에 따라 회계처리한다.
  1. 관련 자산을 취득하기 전: 정부보조금의 금액을, 받은 자산(받은 자산을 일시적으로 운용하기 위해 취득한 다른 자산을 포함한다)의 차감계정으로 회계처리한다.
  2. 관련 자산을 취득하는 시점 및 이후: 정부보조금의 금액을 관련 자산의 차감계정으로 회계처리하고, 관련 자산의 내용연수에 걸쳐 (감가)상각금액과 상계하며, 해당 자산을 처분할 때 그 잔액을 처분손익에 반영한다. 다만, 정부보조금의 금액을 관련 자산의 취득금액에서 직접 차감할 수 있다.
③ 수익과 관련하여 정부보조금을 받은 경우에는 다음 각 호에 따라 회계처리한다.

1. 정부보조금을 사용하기 위하여 특정한 조건을 충족해야 하는 경우: 조건을 충족하기 전까지는 받은 정부보조금을 부채(선수수익)로 회계처리한다.
2. 정부보조금이 특정 비용을 보전할 목적으로 지급된 경우: 해당 비용과 상계한다.
3. 정부보조금에 대응되는 비용이 없는 경우: 회사의 주된 영업활동과 직접적인 관련이 있다면 영업수익으로, 그 밖의 경우에는 영업외수익으로 회계처리한다.

④ 공사부담금의 회계처리는 제1항부터 제3항까지를 준용한다.

제51조(사업결합)

① 합병, 영업양수도 등과 같은 사업결합을 하는 경우, 취득일에 별도로 식별되는 취득 자산과 인수 부채는 취득일의 공정가치로 측정한다. 다만, 다음 각 호의 어느 하나에 해당하면 해당 자산이나 부채를 피취득자의 장부금액으로 측정할 수 있다.
  1. 취득일의 공정가치가 피취득자의 장부금액과 중요한 차이가 없는 경우
  2. 공정가치를 측정하기 어려운 경우
② 이전대가가 제1항에 따라 측정된 자산과 부채의 순액보다 큰 경우 그 차이를 무형자산의 영업권으로 인식한다.
③ 이전대가가 제1항에 따라 측정된 자산과 부채의 순액보다 작은 경우 그 차이를 염가매수차익으로 하여 당기에 이익으로 인식한다. 다만, 법인세법 제44조의2에 따라 회계처리할 수 있다.

제8장 자본변동표

제52조(자본변동표)

① 자본변동표는 자본의 크기와 그 변동에 관한 정보를 제공하는 재무보고서이다.
② 자본변동표에는 자본의 각 항목별로 다음 각 호와 같이 구분하여 기초 잔액, 변동사항과 기말 잔액을 표시한다. [별지 제3호 서식 참조]
  1. 자본금의 변동: 유상증자(감자), 무상증자(감자)와 주식배당 등에 의하여 발

생한다.
2. 자본잉여금의 변동: 유상증자(감자), 무상증자(감자), 결손금처리 등에 의하여 발생하며, 주식발행초과금과 기타자본잉여금으로 구분하여 표시한다.
3. 자본조정의 변동: 자기주식은 구분하여 표시하고, 기타자본조정은 통합하여 표시할 수 있다.
4. 이익잉여금의 변동: 연차배당(현금배당과 주식배당으로 구분한다), 중간배당, 그 밖의 전기 말 미처분이익잉여금의 처분 및 당기순이익(또는 당기순손실)으로 구분하여 표시한다.

제9장 이익잉여금처분계산서 및 결손금처리계산서

제53조(이익잉여금처분계산서)

① 이익잉여금처분계산서는 이익잉여금의 처분사항을 보고하는 재무보고서이다.
② 이익잉여금처분계산서의 항목은 다음 각 호와 같이 구분하여 표시한다. [별지 제4호 서식 참조]
1. 미처분이익잉여금: 전기이월미처분이익잉여금(또는 전기이월미처리결손금)에 중간배당액 및 당기순이익(또는 당기순손실) 등을 차감하거나 가산한 금액으로 한다.
2. 임의적립금등의 이입액: 임의적립금 등을 이입하여 당기의 이익잉여금처분에 충당하는 경우에는 그 금액을 미처분이익잉여금에 가산하는 형식으로 표시한다.
3. 이익잉여금처분액: 이익잉여금의 처분은 다음 각 목의 항목으로 구분하여 표시한다.
   가. 이익준비금
   나. 기타법정적립금
   다. 이익잉여금처분에 의한 상각 등: 주식할인발행차금상각, 자기주식처분손실잔액 등으로 구분한다.
   라. 배당금: 당기에 처분할 배당액을 현금배당과 주식배당으로 구분하여 표시한다.

마. 임의적립금
4. 차기이월미처분이익잉여금: 미처분이익잉여금과 임의적립금이입액의 합계에서 이익잉여금처분액을 차감한 금액으로 한다.

제54조(결손금처리계산서)
① 결손금처리계산서는 결손금의 처리사항을 보고하는 재무보고서이다.
② 결손금처리계산서의 항목은 다음 각 호와 같이 구분하여 표시한다. [별지 제5호 서식 참조]
  1. 미처리결손금: 전기이월미처리결손금(또는 전기이월미처분이익잉여금)에 중간배당액 및 당기순이익(또는 당기순손실) 등을 차감하거나 가산한 금액으로 한다.
  2. 결손금처리액: 임의적립금이입액, 기타법정적립금이입액, 이익준비금이입액, 자본잉여금이입액으로 구분하여 표시한다.
  3. 차기이월미처리결손금: 미처리결손금에서 결손금처리액을 차감한 금액으로 한다.

제10장 주석

제55조(주석의 정의) '주석'이란 대차대조표·손익계산서와 자본변동표 또는 이익잉여금처분계산서(또는 결손금처리계산서)에 표시된 항목을 구체적으로 설명하거나 세분화하는 정보와 해당 재무제표의 인식 조건을 충족하지 못하는 항목에 대해 추가적으로 제공하는 정보를 말한다.

제56조(주석 기재 사항) 다음 각 호의 사항은 주석으로 기재할 수 있다.
  1. 중소기업회계기준에 따라 재무제표를 작성하였다는 사실
  2. 이 기준에서 둘 이상의 회계정책 가운데 하나를 선택할 수 있게 하는 경우, 적용된 회계정책
  3. 회계정책의 변경과 오류수정의 내용
  4. 매입채무, 차입금, 사채, 미지급금 등 현금 등으로 상환하여야 하는 부채의

주요 내용
5. 제공한 담보·보증의 주요 내용
6. 특수관계인(법인세법 시행령 제87조의 정의에 따른다)과의 중요한 거래의 내용
7. 타인으로부터 제기된 회계연도 말 현재 진행 중인 소송 사건의 내용, 소송 금액, 진행 상황 등
8. 매출채권 등을 양도한 경우, 만기가 도래하지 않은 부분의 금액과 양도의 조건
9. 정부보조금 또는 공사부담금을 관련 자산에서 직접 차감한 경우 해당 회계연도에 수령한 정부보조금 또는 공사부담금의 금액 및 관련 내용
10. 대차대조표, 손익계산서, 자본변동표 또는 이익잉여금처분계산서(또는 결손금처리계산서)의 본문에 표시되지 않는 사항으로서 재무제표를 이해하는 데 필요한 추가 정보

부 칙 (2013. 2. 1.)

제1조(시행일) 이 기준은 2014년 1월 1일 이후 최초로 시작되는 회계연도부터 적용한다. 다만, 2013년 1월 1일 이후 최초로 시작되는 회계연도부터 적용할 수 있다.

제2조(최초 적용에 관한 경과조치)
① 이 기준을 처음 적용한 회계연도 전에 발생한 거래 또는 사건 등으로 인하여 재무제표에 표시되는 항목은 그 직전 회계연도 말의 장부금액을 이 기준에 따른 최초 장부금액으로 본다. 다만, 특정 항목이 실질을 반영하지 못하는 경우 최초 장부금액을 수정하고, 그에 따른 영향은 기초 이익잉여금(적절하다면 자본의 다른 항목)에 반영한다.
② 제1항 본문에 따라 재무제표를 작성하는 경우 종전 회계기준에 따른 기타포괄손익누계액(해외사업환산손익, 현금흐름위험회피 파생상품평가손익은 제외한다)은 이익잉여금으로 재분류한다.

③ 다음 각 호의 사항은 주석으로 기재할 수 있다.
   1. 직전 회계연도까지 적용한 회계기준의 명칭
   2. 제1항 단서에 따라 이 기준을 처음 적용하면서 일부 항목을 수정한 경우 다음 각 목의 사항
      가. 수정한 항목
      나. 자산 또는 부채의 기초 장부금액에 미친 영향
      다. 이익잉여금 등 기초 자본에 미친 영향

[별지 제1호 서식]

대 차 대 조 표

제×기 20××년×월×일 현재
제×기 20××년×월×일 현재

회사명 (단위 : 원)

과 목	당 기		전 기	
자 산				
유동자산		×××		×××
당좌자산		×××		×××
현금및현금성자산	×××		×××	
단기투자자산	×××		×××	
매출채권	×××		×××	
(-) 대손충당금	(×××)		(×××)	
선급비용	×××		×××	
미수수익	×××		×××	
미수금	×××		×××	
(-) 대손충당금	(×××)		(×××)	
선급금	×××		×××	
……	×××		×××	
재고자산		×××		×××
상품	×××		×××	
제품	×××		×××	
재공품	×××		×××	
원재료	×××		×××	
저장품	×××		×××	
……	×××		×××	
비유동자산		×××		×××
투자자산		×××		×××
투자부동산	×××		×××	
장기투자증권	×××		×××	
장기대여금	×××		×××	

과목	당기		전기	
……	×××		×××	
유형자산		×××		×××
토지	×××		×××	
건물	×××		×××	
(-) 감가상각누계액	(×××)		(×××)	
구축물	×××		×××	
(-) 감가상각누계액	(×××)		(×××)	
기계장치	×××		×××	
(-) 정부보조금	(×××)		(×××)	
(-) 감가상각누계액	(×××)		(×××)	
차량운반구	×××		×××	
(-) 감가상각누계액	(×××)		(×××)	
건설중인자산	×××		×××	
……	×××		×××	
무형자산		×××		×××
지식재산권	×××		×××	
개발비	×××		×××	
컴퓨터소프트웨어	×××		×××	
광업권	×××		×××	
임차권리금	×××		×××	
영업권	×××		×××	
……	×××		×××	
기타비유동자산		×××		×××
임차보증금	×××		×××	
장기매출채권	×××		×××	
장기선급비용	×××		×××	
장기미수금	×××		×××	
……	×××		×××	
자 산 총 계		×××		×××
부　채				
유동부채		×××		×××
단기차입금	×××		×××	
	×××		×××	
매입채무	×××		×××	
	×××		×××	

과 목	당 기		전 기	
미지급법인세	×××		×××	
미지급비용	×××		×××	
미지급금	×××		×××	
선수금	×××		×××	
선수수익		×××		×××
예수금	×××		×××	
유동성장기부채	×××		×××	
	×××		×××	
……				
비유동부채				
장기매입채무				
사채				
장기차입금				
퇴직급여충당부채				
……				
부 채 총 계		×××		×××
자 본				
자본금		×××		×××
보통주자본금	×××		×××	
	×××		×××	
우선주자본금		×××		×××
	×××		×××	
	×××		×××	
	×××		×××	
자본잉여금				

과 목	당 기		전 기	
주식발행초과금	×××		×××	
자기주식처분이익		×××		×××
감자차익	×××		×××	
	×××		×××	
	×××		×××	
......	×××		×××	
	×××		×××	
자본조정		×××		×××
주식할인발행차금	×××		×××	
자기주식	×××		×××	
자기주식처분손실	×××		×××	
감자차손				
......				
이익잉여금(또는 결손금)				
법정적립금				
임의적립금				
미처분이익잉여금				
(또는 미처리결손금)				
자 본 총 계	×××		×××	
부채 및 자본 총계	×××		×××	

이 대차대조표는 중소기업회계기준에 따라 작성되었습니다.

[별지 제2호 서식]

손 익 계 산 서

제×기 20××년×월×일부터　20××년×월×일까지
제×기 20××년×월×일부터　20××년×월×일까지

회사명　　　　　　　　　　　　　　　　　　　　　　　　　　　　　　(단위 : 원)

과　　　　목	당　기		전　기	
매출액		×　×　×		×　×　×
매출원가		×　×　×		×　×　×
기초제품(또는 상품)재고액	×　×　×		×　×　×	
당기제품제조원가	×　×　×		×　×　×	
(또는 당기상품매입액)				
기말제품(또는 상품)재고액	(×　×　×)		(×　×　×)	
매출총이익(또는 매출총손실)		×　×　×		×　×　×
판매비와관리비		×　×　×		×　×　×
급여	×　×　×		×　×　×	
퇴직급여	×　×　×		×　×　×	
복리후생비	×　×　×		×　×　×	
임차료	×　×　×		×　×　×	
접대비	×　×　×		×　×　×	
감가상각비	×　×　×		×　×　×	
무형자산상각비	×　×　×		×　×　×	
세금과공과	×　×　×		×　×　×	
광고선전비	×　×　×		×　×　×	
연구비	×　×　×		×　×　×	
경상개발비	×　×　×		×　×　×	
대손상각비	×　×　×		×　×　×	
……	×　×　×		×　×　×	
영업이익(또는 영업손실)		×　×　×		×　×　×
영업외수익		×　×　×		×　×　×
이자수익	×　×　×		×　×　×	

과 목	당 기	전 기
배당금수익	×××	×××
임대료	×××	×××
단기투자자산처분이익	×××	×××
단기투자자산평가이익	×××	×××
외환차익	×××	×××
외화환산이익	×××	×××
장기투자증권손상차손환입	×××	×××
유형자산처분이익	×××	×××
사채상환이익	×××	×××
전기오류수정이익	×××	×××
……	×××	×××
영업외비용	×××	×××
이자비용	×××	×××
기타대손상각비	×××	×××
단기투자자산처분손실	×××	×××
단기투자자산평가손실	×××	×××
재고자산감모손실	×××	×××
외환차손	×××	×××
외화환산손실	×××	×××
기부금	×××	×××
장기투자증권손상차손	×××	×××
유형자산처분손실	×××	×××
사채상환손실	×××	×××
전기오류수정손실	×××	×××
……	×××	×××
법인세비용차감전순이익(또는 법인세비용차감전순손실)	×××	×××
법인세비용	×××	×××
당기순이익(또는 당기순손실)	×××	×××

이 손익계산서는 중소기업회계기준에 따라 작성되었습니다.

[별지 제3호 서식]

자 본 변 동 표

제×기 20××년×월×일부터 20××년×월×일까지
제×기 20××년×월×일부터 20××년×월×일까지

회사명   (단위 : 원)

구 분	자본금	자본잉여금	자본조정	이익잉여금	총 계
20××.×.×(보고금액)	×××	×××	×××	×××	×××
연차배당				(×××)	(×××)
처분후 이익잉여금				×××	×××
중간배당				(×××)	(×××)
당기순이익(손실)				×××	×××
자기주식 취득			(×××)		(×××)
20××.×.×	×××	×××	×××	×××	×××
20××.×.×(보고금액)	×××	×××	×××	×××	×××
연차배당				(×××)	(×××)
처분후 이익잉여금				×××	×××
중간배당				(×××)	(×××)
유상증자(감자)	×××	×××			×××
당기순이익(손실)				×××	×××
해외사업환산손익			×××		×××
20××.×.×	×××	×××	×××	×××	×××

이 자본변동표는 중소기업회계기준에 따라 작성되었습니다.

[별지 제4호 서식]

이익잉여금처분계산서

제 × 기	20××년×월×일부터 20××년×월×일까지	제 × 기	20××년×월×일부터 20××년×월×일까지
처분예정일	20××년×월×일	처분확정일	20××년×월×일

회사명   (단위 : 원)

구 분	당 기	전 기
미처분이익잉여금	×××	×××
전기이월미처분이익잉여금 (또는 전기이월미처리결손금)	×××	×××
중간배당액	×××	×××
당기순이익(또는 당기순손실)	×××	×××
임의적립금등의이입액	×××	×××
×××적립금	×××	×××
×××적립금	×××	×××
합　　계	×××	×××
이익잉여금처분액	×××	×××
이익준비금	×××	×××
기타법정적립금	×××	×××
주식할인발행차금상각액	×××	×××
배당금	×××	×××
현금배당	×××	×××
주식배당	×××	×××
……		
차기이월미처분이익잉여금	×××	×××

이 이익잉여금처분계산서는 중소기업회계기준에 따라 작성되었습니다.

[별지 제5호 서식]

결손금처리계산서

제 × 기   20××년×월×일부터   제 × 기   20××년×월×일부터
           20××년×월×일까지   20××년×월×일까지

처리예정일 20××년×월×일   처리확정일 20××년×월×일

회사명   (단위 : 원)

구 분	당 기	전 기
미처리결손금	×××	×××
전기이월미처리결손금 (또는 전기이월미처분이익잉여금)	×××	×××
중간배당액	×××	×××
당기순이익(또는 당기순손실)	×××	×××
결손금처리액	×××	×××
임의적립금이입액	×××	×××
법정적립금이입액	×××	×××
자본잉여금이입액	×××	×××
차기이월미처리결손금	×××	×××

이 결손금처리계산서는 중소기업회계기준에 따라 작성되었습니다.

한국채택국제회계기준(K-IFRS), 중소기업기준, 일반기업회계기준의 주요 차이

구분 (일반기준)	중소기업회계기준	K-IFRS	일반기업회계기준
근거법령	• 상법 시행령 제15조 제3호법무부고시(2013.2.1.) (제2013-20029호)	• 외감법 제5조 제1항	• 외감법 제5조 제1항
적용시기	• 2014년 1월 1일 2013년 1월 1일 이후 적용가능	• 2011년 1월 1일부터 선택기업 2009년부터 가능	• 2011년 1월 1일부터
제2장 재무제표의 작성과 표시 I	• 재무제표: 대차대조표, 손익계산서, 자본변동표와 이익잉여금처분계산서는 하나를 선택(현금흐름표는 제외)	• 재무상태표, 포괄손익계산서, 자본변동표, 현금흐름표, 주석, 회계정책 소급적용시 비교기간 기초 재무제표 • 이익잉여금처분계산서를 재무제표에서 제외하고 상법 등 법규에서 요구하는 경우에 주석으로 공시	• 재무상태표, 손익계산서, 자본변동표, 현금흐름표, 주석 이익잉여금처분계산서를 재무제표에서 제외하고 상법 등 법규에서 요구하는 경우에 주석으로 공시
	• 직전연도와 비교표시 작성 해당 연도분만 작성 가능	• 직전연도와 비교표시 작성 소급적용시 비교기간의 기초 재무제표 표시	• 직전연도와 비교표시 작성
제4장 연결재무제표	• 해당 규정 없음	• 연결범위(회계기준) - 지분율 50%초과 또는 실질지배력이 있는 경우 - 소규모회사 제외 기준 없음 - 특수목적기구 관련 별도 지배력기준 규정	• 연결범위(회계기준) - 지분율 50%초과 또는 실질지배력이 있는 경우 - 외감법규에서 정한 경우 소규모회사 제외
		• 회계정책만 일치	• K-IFRS와 동일. 다만 종속(피투자)회사가 K-IFRS 적용시 회계정책 일치 면제

구분 (일반기준)	중소기업회계기준	K-IFRS	일반기업회계기준
제5장 회계변경과 오류수정	• 회계정책변경과 회계추정변경: 그 효과를 전진적으로 회계처리(당기와 당기 이후에 그 효과를 반영) • 오류수정: 중대한 오류와 일반적인 오류 모두 당기의 손익에 반영	• 회계정책변경: 소급적용 (누적효과를 실무적으로 적용할 수 없는 경우, 전진적으로 적용) • 회계추정변경: 전진적으로 반영함	• 회계정책변경: 소급적용 (누적효과를 실무적으로 적용할 수 없는 경우, 전진적으로 적용) • 회계추정변경: 전진적으로 반영함
		• 오류수정: 중요한 오류의 경우 소급적용	• 오류수정: 중대한 오류는 소급적용, 일반적인 오류는 당기손익에 반영
제6장 금융자산· 금융부채	• 상환청구권부 매출채권 할인은 회계상 매각처리 가능	• 상환청구권부 매출채권 할인은 회계상 매각처리 부인 (차입거래로 처리)	• 상환청구권부 매출채권 할인은 회계상 매각처리 가능
	• 객관적이고 합리적기준에 따라 대손충당금 설정 * (법인세법상 대손충당금 설정기준 준용가능)	• 대손충당금 설정시 합리적기준 적용 * 감독규정상 설정기준 준용불가	• 객관적이고 합리적기준에 따라 대손충당금 설정 * 감독규정상 설정기준 준용가능
	• 유가증권 취득원가는 거래원가를 포함. 다만, 시장가격이 있는 유가증권의 경우에 거래원가를 최초 인식시점에 비용처리	• 금융상품의 취득원가는 공정가치로 측정	• K-IFRS와 동일
	• 금융업의 사모사채 관련 규정은 없음	• 금융업의 경우 사모사채를 대여금으로 분류하되 매도가능증권으로 지정 가능	• 사모사채와 자금조달 목적 어음을 발행인으로부터 직접 취득시 대여금으로 분류
	• 전환증권 관련 규정은 없음. (전환증권 소유자는 일반사채와 동일하게 회계처리할 것으로 해석됨)	• 전환증권 등 복합상품 소유자는 내재파생상품 분리 또는 전체를 당기손익 인식항목으로 지정	• K-IFRS와 동일
	• 파생상품 관련 규정을 두고 있지 아니함	• 파생상품 정의에 미래결제 요건 포함(적용범위 확대)	• 파생상품 정의에 차액결제 요건 포함

구분 (일반기준)	중소기업회계기준	K-IFRS	일반기업회계기준
제7장 재고자산	• 표준원가법 적용 관련 규정이 없음.(표준원가로 회계처리하는 경우, 실제원가와의 차이를 조정할 것으로 판단됨)	• 실제원가와의 차이가 크지 않을 경우 표준원가법 허용	• K-IFRS와 동일
	• 후입선출법 허용	• 후입선출법 불허	• 후입선출법 허용
	• 재고평가손실: 매출원가 • 재고감모손실 정상적범위: 매출원가 비정상적: 영업외비용	• 명시적인 규정은 없지만, 동일한 방식 적용	• 재고평가손실: 매출원가 • 재고감모손실 정상적범위: 매출원가 비정상적: 영업외비용
제8장 지분법	• 지분법 적용 규정이 없음 (일반적인 유가증권 평가 규정을 적용)	• 의결권 있는 주식의 20% 산정시 해당회사와 종속회사 지분만 합산	• K-IFRS와 동일
제10장 유형자산	• 보험차익 처리관련 명시적인 규정은 없음. (손상차손과 보험금수익을 상계하여 순액표시하는 것이 업계관행)	• 손상차손과 보험금수익을 총액표시	• K-IFRS와 동일
	• 감가상각방법 변경시 회계정책 변경으로 분류하지만, 전진적으로 회계처리	• 감가상각방법 변경시 회계추정 변경으로 보아 전진적용	• K-IFRS와 동일
	• 임대업자의 임대용부동산은 유형자산으로 분류함. 재평가 관련규정을 두고 있지 아니함.	• 임대업자의 임대용부동산은 투자부동산으로 분류하고 공정가액 평가시 당기손익으로 반영	• 임대업자의 임대용부동산은 유형자산으로 분류하고 재평가시 이익은 자본으로, 손실은 당기손익에 반영
	• 투자부동산 관련 재평가 규정이 없음	• 투자부동산은 공정가치 모형 허용	• 투자부동산은 유형자산 회계처리를 준용(재평가 허용)
	• 재평가유형자산 처분 관련 규정이 없음.	• 재평가 유형자산 처분 또는 상각시 재평가잉여금을 이익잉여금으로 대체 허용	• 재평가유형자산 처분시 재평가잉여금을 당기손익에 반영

구분 (일반기준)	중소기업회계기준	K-IFRS	일반기업회계기준
제11장 무형자산	• 무형자산의 재평가 불허 (규정은 없으나, 해석상)	• 무형자산의 재평가 허용	• 무형자산의 재평가 불허
	• 영업권은 일정기간 정액상각(규정은 없으나, 해석상)	• 영업권은 상각하지 않고 손상평가만 수행	• 영업권은 일정기간 정액상각
제12장 사업결합	• 공정가치 적용이 원칙이지만, 공정가치 측정이 어려운 경우, 장부금액 적용 사업결합인정	• 취득법만 인정	• K-IFRS와 동일
	• 염가매수차익은 당기이익이지만, 법인세법의 규정(60개월 균등환입)을 적용할 수 있음	• 당기손익으로 인식	• K-IFRS와 동일
제14장 충당부채, 우발부채 및 우발자산	• 부채의 정의와 부채의 인식요건을 충족하는 경우에 충당부채를 인식	• 유출가능성이 높은 경우 충당부채 인식	• 유출가능성이 매우 높은 경우 충당부채 인식
		• 충당부채 후속 측정시 현행 할인율 적용	• 충당부채 후속 측정시 당초 할인율과 현행할인율 중 선택
제15장 자본	• 부채성자본은 법적분류에 따라 자본으로 구분 (규정은 없으나, 해석상)	• 부채성자본은 경제적 실질에 따라 구분	• 부채성자본은 법적분류에 따라 자본으로 구분
	• 전환증권 중도상환시 상환대가 관련 기준 없음	• 복합금융상품의 중도상환대가는 부채와 자본에 배분	• K-IFRS와 동일
	• 외화전환사채 관련 규정은 없음	• 외화전환사채의 부채부분은 현행환율로 외화환산	• K-IFRS와 동일
	• 전환사채등의 유도전환 관련 규정이 없음	• 전환사채등의 유도전환대가를 당기손익으로 인식	• K-IFRS와 동일

구분 (일반기준)	중소기업회계기준	K-IFRS	일반기업회계기준
제16장 수익	• 자체분양공사에 대해 진행기준 적용(용역제공과 건설형 공사계약은 진행률적용. 단기용역제공은 완료기준)	• 자체분양공사가 건설계약에 해당하거나 위험·효익, 통제의 지속적 이전시 진행기준을 적용하고 그 외는 인도기준 적용	• 자체분양공사에 대해 진행기준 적용
	• 수익인식기준: 재화를 판매하거나 용역을 제공하고 이에 대한 대가를 받을 권리를 갖게 되었을 때 수익을 인식	• 수익인식기준: 재화의 판매, 용역의 제공, 이자수익인식 등으로 구분. 미래 경제적효익 유입가능성이 높을 것	• 수익인식기준: 재화의 판매, 용역의 제공, 이자수익인식 등으로 구분. 미래 경제적효익 유입가능성이 매우 높을 것
제21장 종업원급여	• 청산가치개념에 근거하여 퇴직급여 산출(확정기여형, 확정급여형 적용)	• 보험수리적방법에 따라 퇴직급여 산출	• 청산가치개념에 근거하여 퇴직급여 산출(확정기여형, 확정급여형 적용)
	• 퇴직연금미지급금 측정 관련 규정이 없음	• 퇴직연금미지급금 측정시 우량회사채수익률(두터운 시장이 없을 경우 국공채시장수익률) 적용	• K-IFRS와 동일
제23장 환율변동효과	• 화폐성항목에 대하여 회계연도 마감환율로 환산. 환산손익은 당기손익 처리	• 기능통화 손익항목의 표시통화 환산시 거래일의 환율 또는 평균환율(환율변동이 유의적이지 않는 경우에만 사용가능)	• 기능통화 손익항목의 표시통화 환산시 거래일의 환율 또는 평균환율 중 선택
	• 기능통화 관련 규정은 없음	• 기능통화는 제반 사항을 고려하여 결정	• 해당국가 통화를 기능통화로 사용가능
	• 외화표시 재무제표 환산시 적용환율 관련 규정이 없음	• 별도 기준 없음	• 별도 기준 없음
제26장 기본주당이익	• 주당이익 공시 의무화 관련 규정이 없음	• 기본 및 희석주당이익 공시 의무화	• 다른 법규 요구시 기본주당이익 공시 가능 * 사업보고서 제출 주권비상장법인의 경우 요약재무정보에 기본주당이익 공시 의무화

구분 (일반기준)	중소기업회계기준	K-IFRS	일반기업회계기준
제27장제1절 농림어업	• 생물자산 관련 별도규정이 없음 • 수확물의 수확시점 인식과 관련된 별도규정 없음	• 생물자산의 인식후 측정: 순공정가치법 • 수확물의 수확시점 인식: 순공정가치	• 생물자산의 인식후 측정: 순공정가치법/원가법 선택 • 수확물의 수확시점 인식: 순공정가치(취득원가 가능)
제27장제2절 추출활동	• 탐사평가지출 관련 별도기준 없음 • 탐사 관련 유무형자산 인식에 대해 별도기준 없음	• 탐사평가지출을 탐사평가자산으로 인식가능 • 탐사 관련 유무형자산을 탐사평가자산으로 인식	• 탐사평가지출 관련 별도기준 없음(유무형자산의 회계처리 기준을 준용) • 탐사 관련 유무형자산 인식에 대해 별도기준 없음
제30장 일반기업회계기준의 최초채택	-	• 최초 K-IFRS 재무제표 작성시 K-IFRS 최초채택 규정 적용	• 과거 일반기준을 적용하지 않던 기업이 일반기준을 최초채택시 적용
	-	• 세 개의 재무상태표, 두 개의 손익계산서, 현금흐름표, 자본변동표 및 관련 주석을 비교공시	• 당해회계연도분과 직전 회계연도분을 비교하는 형식으로 재무제표 작성
	-	• 최초채택시점에 간주원가 사용 가능	• 최초채택시점에 간주원가 사용 가능
제31장 중소기업 회계처리특례	-	• 중소기업 특례기준 없음	• 종전 기업회계기준서의 중소기업의 특례규정을 대부분 유지
제32장 동일지배거래	• 동일지배거래 관련 별도의 규정이 없음	• 지배·종속 또는 종속기업간 거래에 대한 회계처리기준 없음	• 종전기준과 동일(단, 종속회사가 지배회사 지분매각시에도 손익처리금지) • 지배·종속 또는 종속기업간 합병, 영업양수도, 지배력 있는 지분 매매시 대상 자산·부채를 연결장부액으로 취득처리하고 거래금액과의 차이는 자본잉여금 처리(단, 종속회사가 지배회사 또는 다른 종속회사 지분매각시 손익처리가능)

구분 (일반기준)	중소기업회계기준	K-IFRS	일반기업회계기준
경과규정	• 직전 회계연도 말의 장부금액을 이 기준에 따른 최초 장부금액으로 인정함. 다만, 특정 항목이 실질을 반영하지 못하는 경우 최초 장부금액을 수정하고, 그에 따른 영향은 기초 이익잉여금(적절하다면 자본의 다른 항목)에 반영한다. • 종전 회계기준에 따른 기타포괄손익누계액(해외사업환산손익, 현금흐름위험회피 파생상품평가손익은 제외한다)은 이익잉여금으로 재분류한다.	• 해당사항 없음	• 물적분할 및 불비례적 인적분할시 공정가액으로 취득·처분 회계처리하되 분할회사는 처분손익을 내부거래로 제거 • 비례적 인적분할시 장부가액으로 취득·처분 회계처리 • 종전 K-GAAP을 일반기업회계기준으로 간주하여 소급적용 및 비교 F/S 재작성 면제 • 유형자산에 대해 재평가모형을 적용했던 기업은 원가모형으로 환원 허용
주요 용어 변경	• 손상차손	• 손상차손	• 손상차손
	• 판매비	• 판매원가	• 판매원가
	• 중요하지 아니한 항목은 통합	• 유의적인 영향력	• 유의적인 영향력
	• 지분법피투자회사 관련 별도 규정이 없음	• 관계기업 ※ 연결재무제표상 지분법대상을 의미하므로 종속기업은 제외되는 개념	• 관계기업, 지분법피투자기업 ※ 관계기업은 종속기업이 아닌 지분법 대상을 의미하며, 지분법피투자기업은 종속기업과 관계기업을 모두 포함하는 개념

구분 (일반기준)	중소기업회계기준	K-IFRS	일반기업회계기준
	• 사업결합관련 규정에서 취득법이라고 명시하지 아니함. 실질내용은 취득법을 원칙으로 하고 있음.	• 취득법	• 취득법

기획재정부 고시 제2024-13호

공익법인회계기준

제1장 총 칙

제1조(목적) 공익법인회계기준(이하 '이 기준'이라 한다)은 「상속세 및 증여세법」 제50조의4 및 같은 법 시행령 제43조의4에 따라 같은 법 제16조 제1항에 따른 공익법인등(이하 '공익법인'이라 한다)의 회계처리 및 재무제표를 작성하는 데 적용되는 기준을 제시하는 것을 목적으로 한다.

제2조(적용) 이 기준은 공익법인이 「상속세 및 증여세법」 제50조 제3항에 따라 회계감사를 받는 경우 및 같은 법 제50조의3에 따라 결산서류 등을 공시하는 경우 등에 적용한다.

제3조(보고실체) 이 기준에 따라 재무제표를 작성할 때에는 공익법인 전체를 하나의 보고실체로 하여 작성한다.

제4조(복식부기와 발생주의) ① 이 기준에 따라 회계처리 및 재무제표를 작성할 때는 발생주의 회계원칙에 따라 복식부기 방식으로 하여야 한다.

② '복식부기'란 공익법인의 자산, 부채, 순자산의 증감 및 변화과정과 그 결과를 계정과목을 통하여 대변과 차변으로 구분하여 이중기록·계산이 되도록 하는 부기형식을 말한다.

③ '발생주의'란 현금의 수수와는 관계없이 수익은 실현되었을 때 인식하고 비용은 발생되었을 때 인식하는 개념으로서 기간손익을 계산할 때 경제가치량의 증가나 감소의 사실이 발생한 때를 기준으로 수익과 비용을 인식하는 것을 말한다.

제5조(재무제표) 이 기준에서 재무제표는 다음 각 호의 서류로 구성된다.
 1. 재무상태표
 2. 운영성과표
 3. 위 제1호 및 제2호의 서류에 대한 주석

제6조(다른 법령과의 관계 등) ① 공익법인의 회계처리 및 재무제표 작성에 관하여

이 기준에서 정하지 아니한 사항은 일반기업회계기준에 따른다.

② 제4조 제2항 및 제3항에 따른 공익법인의 회계처리 및 재무제표 작성에 관하여 다른 법령에서 특별한 규정이 있는 경우 외에는 이 기준에 따른다.

제7조(회계정책, 회계추정의 변경 및 오류수정) ① 재무제표를 작성할 때 채택한 회계정책이나 회계추정은 비슷한 종류의 사건 또는 거래의 회계처리에도 동일하게 적용한다.

② '회계정책의 변경'이란 재무제표의 작성에 적용하던 회계정책을 다른 회계정책으로 바꾸는 것을 말한다.

③ 이 기준에서 변경을 요구하거나, 회계정책의 변경을 반영한 재무제표가 신뢰성 있고 더 목적적합한 정보를 제공하는 경우에만 회계정책을 변경할 수 있다.

④ '회계추정의 변경'이란 환경의 변화, 새로운 정보의 입수 또는 경험의 축적에 따라 회계적 추정치의 근거와 방법 등을 바꾸는 것을 말한다. 이 경우 회계추정에는 대손의 추정, 감가상각자산에 내재된 미래 경제적 효익의 예상되는 소비형태의 유의적인 변동, 감가상각자산의 내용연수 또는 잔존가치의 추정 등이 포함된다.

⑤ 변경된 회계정책은 소급하여 적용하며 소급적용에 따른 수정사항을 반영하여 비교재무제표를 재작성한다.

⑥ 회계추정의 변경은 전진적으로 회계처리하여 그 효과를 당기와 그 이후의 회계연도에 반영한다.

⑦ '오류수정'이란 전기 또는 그 이전 회계연도의 재무제표에 포함된 회계적 오류를 당기에 발견하여 수정하는 것을 말한다.

⑧ 당기에 발견한 전기 또는 그 이전 회계연도의 오류는 당기 운영성과표에 사업외손익 중 전기오류수정손익으로 보고한다. 다만, 전기 또는 그 이전 회계연도에 발생한 중대한 오류의 수정은 비교재무제표를 재작성하여 반영한다. 중대한 오류는 재무제표의 신뢰성을 심각하게 손상할 수 있는 매우 중요한 오류를 말한다.

제8조(재무제표의 구분·통합 표시) 중요한 항목은 재무제표의 본문 또는 주석에 그 내용을 가장 잘 나타낼 수 있도록 구분하여 표시한다.

제9조(비교재무제표의 작성) ① 재무제표의 기간별 비교가능성을 제고하기 위하여

전기 재무제표상의 모든 계량정보를 당기와 비교하는 형식으로 표시한다.
② 전기 재무제표상의 비계량정보가 당기 재무제표를 이해하는 데 관련된 경우에는 이를 당기의 정보와 비교하여 주석으로 기재한다.

제2장 재무상태표

제10조(재무상태표의 목적과 작성단위) ① 재무상태표는 회계연도 말 현재 공익법인의 자산, 부채 및 순자산을 표시함으로써 다음 각 호의 정보를 제공하는 것을 목적으로 한다.
1. 공익법인이 정관상 목적사업을 지속적으로 수행할 수 있는 능력
2. 공익법인의 유동성 및 재무건전성

② 재무상태표의 작성은 공익법인을 하나의 작성단위로 보아 통합하여 작성하되, 공익목적사업부문과 기타사업부문으로 각각 구분하여 표시한다.

제11조(재무상태표 작성기준) ① 재무상태표에는 회계연도 말 현재 공익법인의 모든 자산, 부채 및 순자산을 적정하게 표시한다.[별지 제1호 서식 참조]
② 재무상태표 구성요소의 정의는 다음 각 호와 같다.
1. '자산'이란 과거의 거래나 사건의 결과로 현재 공익법인에 의해 지배되고 미래에 경제적 효익을 창출할 것으로 예상되는 자원을 말한다.
2. '부채'란 과거의 거래나 사건의 결과로 현재 공익법인이 부담하고 있고 미래에 자원이 유출되거나 사용될 것으로 예상되는 의무를 말한다.
3. '순자산'이란 공익법인의 자산 총액에서 부채 총액을 차감한 잔여 금액을 말한다.

③ 자산과 부채는 각각 다음 각 호의 조건을 충족하는 경우에 재무상태표에 인식한다.
1. 자산: 해당 항목에서 발생하는 미래경제적 효익이 공익법인에 유입될 가능성이 매우 높고, 그 원가를 신뢰성 있게 측정할 수 있다.
2. 부채: 해당 의무를 이행하기 위하여 경제적 자원이 유출될 가능성이 매우 높고, 의무의 이행에 소요되는 금액을 신뢰성 있게 측정할 수 있다.

④ 자산, 부채 및 순자산은 다음 각 호에 따라 구분한다.

1. 자산은 유동자산 및 비유동자산으로 구분하고, 비유동자산은 투자자산, 유형자산, 무형자산 및 기타비유동자산으로 구분한다.
2. 부채는 유동부채, 비유동부채로 구분하며 고유목적사업준비금을 부채로 인식할 수 있다.
3. 순자산은 기본순자산, 보통순자산, 순자산조정으로 구분한다.
⑤ 자산과 부채는 유동성이 높은 항목부터 배열한다.
⑥ 자산과 부채는 상계하여 표시하지 않는다.

제12조(유동자산) ① '유동자산'은 회계연도 말부터 1년 이내에 현금화되거나 실현될 것으로 예상되는 자산을 말한다.
② 유동자산에는 현금및현금성자산, 단기투자자산, 매출채권, 선급비용, 미수수익, 미수금, 선급금 및 재고자산 등이 포함된다.
③ 매출채권, 미수금 등에 대한 대손충당금은 해당 자산의 차감계정으로, 재고자산평가충당금은 재고자산 각 항목의 차감계정으로 재무상태표에 표시한다.

제13조(투자자산) ① '투자자산'이란 장기적인 투자 등과 같은 활동의 결과로 보유하는 자산을 말한다.
② 투자자산에는 장기성예적금, 장기투자증권과 장기대여금 등이 포함된다.

제14조(유형자산) ① '유형자산'이란 재화를 생산하거나 용역을 제공하기 위하여, 또는 타인에게 임대하거나 직접 사용하기 위하여 보유한 물리적 형체가 있는 자산으로 1년을 초과하여 사용할 것으로 예상되는 자산을 말한다.
② 유형자산에는 토지, 건물, 구축물, 기계장치, 차량운반구와 건설중인자산 등이 포함된다.
③ 유형자산의 감가상각누계액과 손상차손누계액은 유형자산 각 항목의 차감계정으로 재무상태표에 표시한다.
④ 유형자산을 폐기하거나 처분하는 경우 그 자산을 재무상태표에서 제거하고 처분금액과 장부금액의 차액을 유형자산처분손익으로 인식한다.

제15조(무형자산) ① '무형자산'이란 재화를 생산하거나 용역을 제공하기 위하여, 또는 타인에게 임대하거나 직접 사용하기 위하여 보유한 물리적 형체가 없는 비화폐성 자산을 말한다.
② 무형자산에는 지식재산권, 개발비, 컴퓨터소프트웨어, 광업권, 임차권리금

등이 포함된다.

③ 무형자산은 상각누계액과 손상차손누계액을 취득원가에서 직접 차감한 잔액으로 재무상태표에 표시한다.

④ 무형자산을 처분하는 경우 그 자산을 재무상태표에서 제거하고 처분금액과 장부금액의 차액을 무형자산처분손익으로 인식한다.

제16조(기타비유동자산) ① '기타비유동자산'이란 투자자산, 유형자산 및 무형자산에 속하지 않는 비유동자산을 말한다.

② 기타비유동자산에는 임차보증금, 장기선급비용과 장기미수금 등이 포함된다.

제17조(유동부채) ① '유동부채'는 회계연도 말부터 1년 이내에 상환 등을 통하여 소멸할 것으로 예상되는 부채를 말한다.

② 유동부채에는 단기차입금, 매입채무, 미지급비용, 미지급금, 선수금, 선수수익, 예수금과 유동성장기부채 등이 포함된다.

제18조(비유동부채) ① '비유동부채'란 유동부채를 제외한 모든 부채를 말하며, 고유목적사업준비금을 부채로 인식하는 경우에는 유동부채와 고유목적사업준비금을 제외한 모든 부채를 말한다.

② 비유동부채에는 장기차입금, 임대보증금과 퇴직급여충당부채 등이 포함된다.

제19조(고유목적사업준비금) ① 고유목적사업준비금이란 법인세법 제29조에 따라 고유목적사업이나 지정기부금에 사용하기 위해 미리 비용으로 계상하면서 동일한 금액으로 인식한 부채계정으로, 유동부채와 비유동부채로 구분하지 않고 별도로 표시한다.

② 제1항은 고유목적사업준비금을 부채로 인식하는 경우에 한하여 적용한다.

제20조(기본순자산) ① '기본순자산'이란 사용이나 처분에 '영구적 제약'이 있는 순자산을 말한다.

② '영구적 제약'이란 법령, 정관 등에 의해 사용이나 처분시 주무관청 등의 허가가 필요한 경우를 말한다.

제21조(보통순자산) ① '보통순자산'이란 '기본순자산'이나 '순자산조정'이 아닌 순자산을 말한다.

② '보통순자산'은 잉여금과 적립금으로 구분하고, 적립금은 미래 특정 용도로 사용하기 위하여 적립해두는 준비금이나 임의적립금 등이 해당한다.

제22조(순자산조정) '순자산조정'이란 순자산 가감성격의 항목으로서 매도가능증권 평가손익, 유형자산재평가이익 등이 포함된다.

제3장 운영성과표

제23조(운영성과표의 목적과 작성단위) ① 운영성과표는 해당 회계연도의 모든 수익과 비용을 표시함으로써 다음 각 호의 정보를 제공하는 것을 목적으로 한다.
1. 공익법인의 사업 수행 성과
2. 관리자의 책임 수행 정도

② 운영성과표의 작성은 공익법인을 하나의 작성단위로 보아 통합하여 작성하되, 공익목적사업부문과 기타사업부문으로 각각 구분하여 표시한다.

제24조(운영성과표 작성기준) ① 운영성과표에는 그 회계연도에 속하는 모든 수익 및 이에 대응하는 모든 비용을 적정하게 표시한다.[별지 제2호 서식 참조]

② 운영성과표는 다음 각 호에 따라 작성한다.
1. 모든 수익과 비용은 그것이 발생한 회계연도에 배분되도록 회계처리한다. 이 경우 발생한 원가가 자산으로 인식되는 경우를 제외하고는 비용으로 인식한다.
2. 수익과 비용은 그 발생 원천에 따라 명확하게 분류하고, 수익항목과 이에 관련되는 비용항목은 대응하여 표시한다.
3. 수익과 비용은 총액으로 표시한다.
4. 운영성과표는 다음 각 목과 같이 구분하여 표시한다.
    가. 사업수익
    나. 사업비용
    다. 사업이익(손실)
    라. 사업외수익
    마. 사업외비용
    바. 고유목적사업준비금을 부채로 인식하는 경우 고유목적사업준비금전입액
    사. 고유목적사업준비금을 부채로 인식하는 경우 고유목적사업준비금환입액
    아. 법인세비용차감전 당기운영이익(손실)

자. 법인세비용

　차. 당기운영이익(손실)

제25조(사업수익) ① '사업수익'은 공익목적사업과 기타사업의 결과 경상적으로 발생하는 자산의 증가 또는 부채의 감소를 말한다.

② 사업수익은 공익목적사업수익과 기타사업수익으로 구분하여 표시한다.

③ 공익목적사업수익은 공익법인의 특성을 반영하여 기부금수익, 보조금수익, 회비수익 등으로 구분하여 표시한다.

④ 기타사업수익은 공익법인이 필요하다고 판단하는 경우에는 그 구분정보를 운영성과표 본문에 표시하거나 주석으로 기재할 수 있다.

⑤ 이자수익 또는 배당수익과 처분손익 등이 공익목적사업활동의 주된 원천이 되는 경우에는 사업수익에 포함한다.

제26조(기부금 등의 수익인식과 측정) ① 현금이나 현물을 기부 받을 때에는 실제 기부를 받는 시점에 수익으로 인식한다.

② 현물을 기부 받을 때에는 수익금액을 공정가치(합리적인 판단력과 거래 의사가 있는 독립된 당사자 사이의 거래에서 자산이 교환되거나 부채가 결제될 수 있는 금액을 말한다. 이하 같다)로 측정한다.

③ 납부가 강제되는 회비 등에 대해서는 발생주의에 따라 회수가 확실해지는 시점에 수익을 인식할 수 있다.

④ 기부금 등이 기본순자산에 해당하는 경우 사업수익으로 인식하지 않고 기본순자산의 증가로 인식한다.

제27조(사업비용) ① '사업비용'은 공익목적사업과 기타사업의 결과 경상적으로 발생하는 자산의 감소 또는 부채의 증가를 말한다.

② 사업비용은 공익목적사업비용과 기타사업비용으로 구분하여 표시한다.

③ 공익목적사업비용은 활동의 성격에 따라 다음 각 호와 같이 사업수행비용, 일반관리비용, 모금비용으로 구분하여 표시한다.

　1. '사업수행비용'은 공익법인이 추구하는 본연의 임무나 목적을 달성하기 위해 수혜자, 고객, 회원 등에게 재화나 용역을 제공하는 활동에서 발생하는 비용을 말한다.

　2. '일반관리비용'은 기획, 인사, 재무, 감독 등 제반 관리활동에서 발생하는

비용을 말한다.
3. '모금비용'은 모금 홍보, 모금 행사, 기부자 리스트 관리, 모금 고지서 발송 등의 모금활동에서 발생하는 비용을 말한다.

④ 사업수행비용은 세부사업별로 추가 구분한 정보를 운영성과표 본문에 표시하거나 주석으로 기재할 수 있다.

⑤ 사업수행비용, 일반관리비용, 모금비용에 대해서는 각각 다음 각 호와 같이 분배비용, 인력비용, 시설비용, 기타비용으로 구분하여 분석한 정보를 운영성과표 본문에 표시하거나 주석으로 기재한다. 다만, 공익법인이 필요하다고 판단하는 경우에는 더 세분화된 정보를 운영성과표 본문에 표시하거나 주석으로 기재할 수 있다.

1. '분배비용'은 공익법인이 수혜자 또는 수혜단체에 직접 지급하는 비용으로 장학금, 지원금 등을 포함한다.
2. '인력비용'은 공익법인에 고용된 인력과 관련된 비용으로서 급여, 상여금, 퇴직급여, 복리후생비, 교육훈련비 등을 포함한다.
3. '시설비용'은 공익법인의 운영에 사용되는 토지, 건물, 구축물, 차량운반구 등 시설과 관련된 비용으로서 감가상각비, 지급임차료, 시설보험료, 시설유지관리비 등을 포함한다.
4. '기타비용'은 분배비용, 인력비용, 시설비용 외의 비용으로서 여비교통비, 소모품비, 지급수수료, 용역비, 업무추진비, 회의비, 대손상각비 등을 포함한다. 이 경우 각 공익법인의 특성에 따라 금액이 중요한 기타비용 항목은 별도로 구분하여 운영성과표 본문에 표시하거나 주석으로 기재한다.

⑥ 기타사업비용을 인력비용, 시설비용, 기타비용으로 구분하여 분석한 정보는 운영성과표 본문에 표시하거나 주석으로 기재하여야 하며, 그 외 공익법인이 필요하다고 판단하는 구분정보에 대해서는 운영성과표 본문에 표시하거나 주석으로 기재할 수 있다.

제28조(사업외수익) 사업외수익은 사업수익이 아닌 수익 또는 차익으로서 유형·무형자산처분이익, 유형·무형자산손상차손환입, 전기오류수정이익 등으로 한다.

제29조(사업외비용) 사업외비용은 사업비용이 아닌 비용 또는 차손으로서 유형·무형자산처분손실, 유형·무형자산손상차손, 유형자산재평가손실, 기타의 대손

상각비, 전기오류수정손실 등으로 한다.

제30조(공통수익 및 비용의 배분) 어떤 수익과 비용항목이 복수의 활동에 관련되는 경우에는 해당 수익과 비용의 성격에 따라 투입한 업무시간, 관련 시설면적, 사용빈도 등 합리적인 배분기준에 따라 활동 간에 배분하며, 그 배분기준은 일관되게 적용하여야 한다.

제31조(고유목적사업준비금 전입액과 환입액) ① '고유목적사업준비금전입액'이란 공익법인이 법인세법에 따라 수익사업부문에서 발생한 소득 중 일부를 고유목적사업부문이나 지정기부금에 지출하기 위하여 적립한 금액을 말한다. 이에 상응하여 동일한 금액을 부채에 '고유목적사업준비금'이라는 과목으로 인식한다.
② '고유목적사업준비금환입액'이란 고유목적사업준비금이 법인세법에 따라 수익사업부문에서 고유목적사업부문에 전출되어 목적사업에 사용되었거나 미사용되어 임의 환입된 금액을 말한다.
③ 제1항과 제2항의 내용은 고유목적사업준비금을 부채로 인식하는 경우에 한하여 적용한다.

제32조(법인세비용) 공익법인이 법인세를 부담하는 경우에는 일반기업회계기준 제22장 '법인세회계'와 제31장 '중소기업 회계처리 특례'의 법인세 회계처리를 고려하여 회계정책을 개발하여 회계처리한다.

제4장 자산·부채의 평가

제33조(자산의 평가기준) ① 자산은 최초에 취득원가로 인식한다.
② 교환, 현물출자, 증여, 그 밖에 무상으로 취득한 자산은 공정가치를 취득원가로 한다.
③ 이 기준에서 별도로 정하는 경우를 제외하고는, 자산의 진부화 및 시장가치의 급격한 하락 등으로 인하여 자산의 회수가능액이 장부금액에 중요하게 미달되는 경우에는 장부금액을 회수가능액으로 조정하고 그 차액을 손상차손으로 처리한다. 이 경우 회수가능액은 다음 제1호와 제2호 중 큰 금액으로 한다.
1. 순공정가치: 합리적인 판단력과 거래 의사가 있는 독립된 당사자 사이의 거래에서 자산의 매각으로부터 수취할 수 있는 금액에서 처분부대원가를 차

감한 금액

2. 사용가치: 자산에서 창출될 것으로 기대되는 미래 현금흐름의 현재가치

④ 과거 회계연도에 인식한 손상차손이 더 이상 존재하지 않거나 감소하였다면 자산의 회수가능액이 장부금액을 초과하는 금액은 손상차손환입으로 인식한다. 다만, 손상차손환입으로 증가된 장부금액은 과거에 손상차손을 인식하기 전 장부금액의 감가상각 또는 상각 후 잔액을 초과할 수 없다

제34조(미수금, 매출채권 등의 평가) ① 원금이나 이자 등의 일부 또는 전부를 회수하지 못할 가능성이 있는 미수금, 매출채권 등은 합리적이고 객관적인 기준에 따라 대손추산액을 산출하여 대손충당금으로 설정하고, 기존 대손충당금 잔액과의 차이는 대손상각비로 인식한다.

② 미수금, 매출채권 등의 원금이나 이자 등의 일부 또는 전부를 회수할 수 없게 된 경우, 대손충당금과 상계하고, 대손충당금이 부족한 경우에는 그 부족액을 대손상각비로 인식한다.

③ 미수금과 매출채권에 대한 대손상각비는 사업비용(공익목적사업비용이나 기타사업비용 중 관련이 되는 것)의 대손상각비로, 그 밖의 채권에 대한 대손상각비는 사업외비용의 기타의대손상각비로 구분한다.

제35조(유형자산과 무형자산의 평가) ① 유형자산과 무형자산의 취득원가는 구입가격 또는 제작원가와 자산을 가동하기 위하여 필요한 장소와 상태에 이르게 하는 데 직접 관련되는 원가를 포함한 금액을 말한다.

② 최초 인식 후에 유형자산과 무형자산의 장부금액은 다음 각 호에 따라 결정한다.

1. 유형자산: 취득원가(자본적 지출을 포함한다. 이하 이 조에서 같다)에서 감가상각누계액과 손상차손누계액을 차감한 금액
2. 무형자산: 취득원가에서 상각누계액과 손상차손누계액을 차감한 금액

③ 취득원가에서 잔존가치를 차감하여 결정되는 유형자산의 감가상각대상금액과 무형자산의 상각대상금액은 해당 자산을 사용할 수 있는 때부터 내용연수에 걸쳐 배분하여 상각한다.

④ 유형자산과 무형자산의 내용연수는 자산의 예상 사용기간이나 생산량 등을 고려하여 합리적으로 결정한다.

⑤ 유형자산의 감가상각방법과 무형자산의 상각방법은 다음 각 호에서 자산의 경제적효익이 소멸되는 형태를 반영한 합리적인 방법을 선택하여 소멸형태가 변하지 않는 한 매기 계속 적용한다.
1. 정액법
2. 정률법
3. 연수합계법
4. 생산량비례법
⑥ 전시·교육·연구 등의 목적으로 보유중인 예술작품 및 유물과 같은 역사적 가치가 있는 유형자산은 일반적으로 시간이 경과하더라도 가치가 감소하지 않으므로 감가상각을 적용하지 아니한다.

제36조(유형자산의 재평가) ① 최초 인식 후에 공정가치를 신뢰성 있게 측정할 수 있는 유형자산은 재평가를 할 수 있다. 이 경우 재평가일의 공정가치에서 이후의 감가상각누계액과 손상차손누계액을 차감한 재평가금액을 장부금액으로 한다.
② 유형자산을 재평가할 때, 재평가 시점의 총장부금액에서 기존의 감가상각누계액을 제거하여 자산의 순장부금액이 재평가금액이 되도록 수정한다.
③ 유형자산의 장부금액이 재평가로 인하여 증가된 경우에 그 증가액은 순자산조정으로 인식한다. 그러나 동일한 유형자산에 대하여 이전에 운영성과표에 사업외비용으로 인식한 재평가감소액이 있다면 그 금액을 한도로 재평가증가액만큼 운영성과표에 사업외수익으로 인식한다.
④ 유형자산의 장부금액이 재평가로 인하여 감소된 경우에 그 감소액은 운영성과표에 사업외비용으로 인식한다. 그러나 그 유형자산의 재평가로 인해 인식한 순자산조정의 잔액이 있다면 그 금액을 한도로 재평가감소액을 순자산조정에서 차감한다.

제37조(유가증권의 평가) ① 유가증권은 취득한 후 만기보유증권, 단기매매증권, 그리고 매도가능증권 중의 하나로 분류한다.
② 유가증권의 평가는 일반기업회계기준에 따른다. 다만, 매도가능증권에 대한 미실현보유손익은 순자산조정으로 인식하고 당해 유가증권에 대한 순자산조정은 그 유가증권을 처분하거나 손상차손을 인식하는 시점에 일괄하여 당기손익에

반영한다.
제38조(퇴직급여충당부채의 평가) ① 퇴직급여충당부채는 회계연도 말 현재 모든 임직원이 일시에 퇴직할 경우 지급하여야 할 퇴직금에 상당하는 금액으로 한다.
② 확정기여형퇴직연금제도를 설정한 경우에는 퇴직급여충당부채 및 관련 퇴직연금운용자산을 인식하지 않는다. 다만 해당 회계기간에 대하여 공익법인이 납부하여야 할 부담금을 퇴직급여(비용)로 인식하고, 미납부액이 있는 경우 미지급비용(부채)으로 인식한다.
③ 확정급여형퇴직연금제도와 관련하여 별도로 운용되는 자산은 하나로 통합하여 '퇴직연금운용자산'으로 표시하고, 퇴직급여충당부채에서 차감하는 형식으로 표시한다. 퇴직연금운용자산의 구성내역은 주석으로 기재한다
제39조(공통자산·부채의 배분) 어떤 자산 또는 부채 항목이 복수의 활동에 관련되는 경우에는 관련 시설면적, 사용빈도 등 합리적인 배분기준에 따라 활동 간에 배분하고, 그 배분기준은 일관되게 적용하여야 한다.

제5장 주 석

제40조(주석의 정의) '주석'이란 재무제표 본문(재무상태표, 운영성과표를 말한다)의 전반적인 이해를 돕는 일반사항에 관한 정보, 재무제표 본문에 표시된 항목을 구체적으로 설명하거나 세분화하는 정보, 재무제표 본문에 표시할 수 없는 회계사건 및 그 밖의 사항으로 재무제표에 중요한 영향을 미치거나 재무제표의 이해를 위하여 필요하다고 판단되는 정보를 추가하여 기재하는 것을 말한다.
제41조(필수적 주석기재사항) ① 공익법인은 이 기준의 다른 조항에서 주석으로 기재할 것을 요구하거나 허용하는 사항 외에 다음 각 호의 사항을 주석으로 기재한다.
1. 공익법인의 개황 및 주요사업 내용
2. 공익법인이 채택한 회계정책(자산·부채의 평가기준 및 수익과 비용의 인식기준을 포함한다)
3. 사용이 제한된 현금및현금성자산의 내용

4. 차입금 등 현금 등으로 상환하여야 하는 부채의 주요 내용
5. 현물기부의 내용
6. 제공한 담보·보증의 주요 내용
7. 특수관계인(상속세 및 증여세법 제2조 제10호의 정의에 따른다)과의 중요한 거래의 내용
8. 총자산 또는 사업수익금액의 10% 이상에 해당하는 거래에 대한 거래처명, 거래금액, 계정과목 등 거래 내역
9. 회계연도 말 현재 진행 중인 소송 사건의 내용, 소송금액, 진행 상황 등
10. 회계정책, 회계추정의 변경 및 오류수정에 관한 사항
11. 기본순자산의 취득원가와 공정가치를 비교하는 정보에 관한 사항
12. 순자산의 변동에 관한 사항
13. 유형자산 재평가차액의 누적금액
14. 유가증권의 취득원가와 재무제표 본문에 표시된 공정가치를 비교하는 정보
15. 그 밖에 일반기업회계기준에 따라 주석기재가 요구되는 사항 중 공익법인에 관련성이 있고 그 성격이나 금액이 중요한 사항

② 제1항에도 불구하고 「상속세 및 증여세법」 제50조제3항 단서에 해당하는 공익법인이 결산서류 등을 공시하는 경우에는 이 기준의 다른 조항에서 주석으로 기재할 것을 요구하거나 허용하는 사항 외에 제1항제3호부터 제7호까지, 제9호 및 제11호의 사항을 주석으로 기재한다.

제42조(선택적 주석기재사항) 이 기준과 일반기업회계기준에서 요구하는 주석기재사항 외에도 재무제표의 유용성을 제고하고 공정한 표시를 위하여 필요한 정보는 재무제표 작성자의 판단과 책임하에서 자발적으로 주석을 기재할 수 있다. 예를 들어, 공익법인이 내부관리목적으로 복수의 구분된 단위로 회계를 하는 경우 각 회계단위별로 작성된 재무제표의 전부 또는 일부를 주석으로 기재할 수 있다.

제43조(주석기재방법) 주석기재는 재무제표 이용자의 이해와 편의를 도모하기 위하여 다음 각 호에 따라 체계적으로 작성한다.
1. 재무제표상의 개별항목에 대한 주석 정보는 해당 개별항목에 기호를 붙이고 별지에 동일한 기호를 표시하여 그 내용을 설명한다.

2. 하나의 주석이 재무제표상 둘 이상의 개별항목과 관련된 경우에는 해당 개별항목 모두에 주석의 기호를 표시한다.
3. 하나의 주석에 포함된 정보가 다른 주석과 관련된 경우에도 해당되는 주석 모두에 관련된 주석의 기호를 표시한다.

부 칙

제1조(시행일) 이 기준은 2018년 1월 1일부터 시행한다
제2조(일반적 적용례) 이 기준은 이 기준 시행 이후 개시하는 회계연도부터 적용한다.
제3조(재무제표 작성 적용례) 이 기준이 최초 적용되는 재무제표에 대하여는 제9조에 따른 비교재무제표를 작성하지 아니할 수 있다.
제4조(재무제표 작성 경과규정) 이 기준은 공익법인이 원하는 경우 이 기준 시행 이전에 개시하는 회계연도에 적용할 수 있다.
제5조(소규모 공익법인의 한시적 단식부기 등 적용특례) 이 기준 시행 이후 최초로 개시하는 회계연도의 직전 회계연도 종료일의 총자산가액의 합계액이 20억원 이하인 공익법인과 이 기준 시행일부터 2018년 12월 31일까지의 기간 중에 신설되는 공익법인은 이 기준 시행 이후 최초로 개시하는 회계연도와 그 다음 회계연도에는 단식부기를 적용할 수 있으며, 제41조의 필수적 주석기재사항의 기재를 생략할 수 있다.

부 칙

〈제2024-13호, 2024.04.05.〉

제1조(시행일) 이 규칙은 발령한 날부터 시행한다.
제2조(필수적 주석기재사항에 관한 적용례) 제41조 제2항의 개정규정은 이 기준 시행 이후 결산서류 등을 공시하는 경우부터 적용한다.

[별지 제1호 서식]

재 무 상 태 표

제×기 20××년×월×일 현재
제×기 20××년×월×일 현재

공익법인명 (단위: 원)

과 목	당 기			전 기		
	통합	공익목적사업	기타사업	통합	공익목적사업	기타사업
자 산						
유동자산	×××	×××	×××	×××	×××	×××
현금및현금성자산	×××	×××	×××	×××	×××	×××
단기투자자산	×××	×××	×××	×××	×××	×××
매출채권	×××	×××	×××	×××	×××	×××
(-) 대손충당금	(×××)	(×××)	(×××)	(×××)	(×××)	(×××)
선급비용	×××	×××	×××	×××	×××	×××
미수수익	×××	×××	×××	×××	×××	×××
미수금	×××	×××	×××	×××	×××	×××
(-) 대손충당금	(×××)	(×××)	(×××)	(×××)	(×××)	(×××)
선급금	×××	×××	×××	×××	×××	×××
재고자산	×××	×××	×××	×××	×××	×××
……	×××	×××	×××	×××	×××	×××
비유동자산	×××	×××	×××	×××	×××	×××
투자자산	×××	×××	×××	×××	×××	×××
장기성예적금	×××	×××	×××	×××	×××	×××
장기투자증권	×××	×××	×××	×××	×××	×××
장기대여금	×××	×××	×××	×××	×××	×××
……	×××	×××	×××	×××	×××	×××
유형자산	×××	×××	×××	×××	×××	×××
토지	×××	×××	×××	×××	×××	×××
건물	×××	×××	×××	×××	×××	×××
(-) 감가상각누계액	(×××)	(×××)	(×××)	(×××)	(×××)	(×××)
구축물	×××	×××	×××	×××	×××	×××
(-) 감가상각누계액	(×××)	(×××)	(×××)	(×××)	(×××)	(×××)
기계장치	×××	×××	×××	×××	×××	×××

과 목	당기			전기		
	통합	공익목적사업	기타사업	통합	공익목적사업	기타사업
(-) 감가상각누계액	(×××)	(×××)	(×××)	(×××)	(×××)	(×××)
차량운반구	×××	×××	×××	×××	×××	×××
(-) 감가상각누계액	(×××)	(×××)	(×××)	(×××)	(×××)	(×××)
건설중인자산	(×××)	(×××)	(×××)	(×××)	(×××)	(×××)
……	×××	×××	×××	×××	×××	×××
무형자산	×××	×××	×××	×××	×××	×××
지식재산권	×××	×××	×××	×××	×××	×××
개발비	×××	×××	×××	×××	×××	×××
컴퓨터소프트웨어	×××	×××	×××	×××	×××	×××
광업권	×××	×××	×××	×××	×××	×××
임차권리금	×××	×××	×××	×××	×××	×××
……	×××	×××	×××	×××	×××	×××
기타비유동자산	×××	×××	×××	×××	×××	×××
임차보증금	×××	×××	×××	×××	×××	×××
장기선급비용	×××	×××	×××	×××	×××	×××
장기미수금	×××	×××	×××	×××	×××	×××
……	×××	×××	×××	×××	×××	×××
자 산 총 계	×××	×××	×××	×××	×××	×××
부 채						
유동부채	×××	×××	×××	×××	×××	×××
단기차입금	×××	×××	×××	×××	×××	×××
매입채무	×××	×××	×××	×××	×××	×××
미지급비용	×××	×××	×××	×××	×××	×××
미지급금	×××	×××	×××	×××	×××	×××
선수금	×××	×××	×××	×××	×××	×××
선수수익	×××	×××	×××	×××	×××	×××
예수금	×××	×××	×××	×××	×××	×××
유동성장기부채	×××	×××	×××	×××	×××	×××
……	×××	×××	×××	×××	×××	×××
비유동부채	×××	×××	×××	×××	×××	×××
장기차입금	×××	×××	×××	×××	×××	×××

과 목	당 기			전 기		
	통합	공익목적사업	기타사업	통합	공익목적사업	기타사업
임대보증금	×××	×××	×××	×××	×××	×××
퇴직급여충당부채	×××	×××	×××	×××	×××	×××
(-) 퇴직연금운용자산	(×××)	(×××)	(×××)	(×××)	(×××)	(×××)
……	×××	×××	×××	×××	×××	×××
고유목적사업준비금	×××	×××	×××	×××	×××	×××
부 채 총 계	×××	×××	×××	×××	×××	×××
순자산*1						
기본순자산	×××	×××	×××	×××	×××	×××
보통순자산	×××	×××	×××	×××	×××	×××
적립금	×××	×××	×××	×××	×××	×××
잉여금	×××	×××	×××	×××	×××	×××
순자산조정	×××	×××	×××	×××	×××	×××
순 자 산 총 계	×××	×××	×××	×××	×××	×××
부채 및 순자산 총계	×××	×××	×××	×××	×××	×××

[별지 제2호 서식]

운 영 성 과 표

제×기 20××년×월×일부터 20××년×월×일까지
제×기 20××년×월×일부터 20××년×월×일까지

공익법인명 (단위: 원)

과목	당 기			전 기		
	통합	공익목적사업	기타사업	통합	공익목적사업	기타사업
사업수익	×××	×××	×××	×××	×××	×××
기부금수익	×××	×××	－	×××	×××	－
보조금수익	×××	×××	－	×××	×××	－
회비수익	×××	×××	－	×××	×××	－
투자자산수익	×××	×××	－	×××	×××	－
매출액	×××	×××	×××	×××	×××	×××
……	×××	×××	－	×××	×××	－
사업비용[*2]	×××	×××	×××[*3]	×××	×××	×××[*3]
사업수행비용	×××	×××	－	×××	×××	－
○○사업수행비용	×××	×××	－	×××	×××	－
△△사업수행비용	×××	×××	－	×××	×××	－
……	×××	×××	－	×××	×××	－
일반관리비용	×××	×××	－	×××	×××	－
모금비용	×××	×××	－	×××	×××	－
……	×××	－	×××	×××	－	×××
사업이익(손실)	×××	×××	×××	×××	×××	×××
사업외수익	×××	×××	×××	×××	×××	×××
유형자산손상차손환입	×××	×××	×××	×××	×××	×××
유형자산처분이익	×××	×××	×××	×××	×××	×××
무형자산손상차손환입	×××	×××	×××	×××	×××	×××
무형자산처분이익	×××	×××	×××	×××	×××	×××
전기오류수정이익	×××	×××	×××	×××	×××	×××
……	×××	×××	×××	×××	×××	×××
사업외비용	×××	×××	×××	×××	×××	×××
기타의 대손상각비	×××	×××	×××	×××	×××	×××
유형자산손상차손	×××	×××	×××	×××	×××	×××
유형자산처분손실	×××	×××	×××	×××	×××	×××
유형자산재평가손실[*4]	×××	×××	×××	×××	×××	×××
무형자산손상차손	×××	×××	×××	×××	×××	×××
무형자산처분손실	×××	×××	×××	×××	×××	×××
전기오류수정손실	×××	×××	×××	×××	×××	×××
……	×××	×××	×××	×××	×××	×××
고유목적사업준비금전입액	×××	×××	×××	×××	×××	×××
고유목적사업준비금환입액	×××	×××	×××	×××	×××	×××

과 목	당 기			전 기		
	통합	공익목적사업	기타사업	통합	공익목적사업	기타사업
법인세비용차감전 당기운영이익(손실)	×××	×××	×××	×××	×××	×××
법인세비용	×××	×××	×××	×××	×××	×××
당기운영이익(손실)	×××	×××	×××	×××	×××	×××

*1 순자산의 변동에 관한 사항은 아래와 같이 주석으로 기재한다.

과 목	통합				공익목적사업부문				기타사업부문			
	기본순자산	보통순자산 적립금	보통순자산 잉여금	순자산조정	기본순자산	보통순자산 적립금	보통순자산 잉여금	순자산조정	기본순자산	보통순자산 적립금	보통순자산 잉여금	순자산조정
전기초	×××	×××	×××	×××	×××	×××	×××	×××	×××	×××	×××	×××
회계정책변경누적효과 전기오류수정	(×××) (×××)	(×××) (×××)	(×××) (×××)	(×××) (×××)	(×××) (×××)	(×××) (×××)	(×××) (×××)	(×××) (×××)	(×××) (×××)	(×××) (×××)	(×××) (×××)	(×××) (×××)
수정후 순자산	×××	×××	×××	×××	×××	×××	×××	×××	×××	×××	×××	×××
기본순자산증감	×××		(×××)		×××		(×××)		×××		(×××)	
당기운영이익(손실)			×××				×××				×××	
매도가능증권평가이익				×××				×××				×××
유형자산재평가이익				×××				×××				×××
적립금 전입		×××	(×××)			×××	(×××)			×××	(×××)	
……	×××	×××	×××	×××	×××	×××	×××	×××	×××	×××	×××	×××
전기말	×××	×××	×××	×××	×××	×××	×××	×××	×××	×××	×××	×××
당기초	×××	×××	×××	×××	×××	×××	×××	×××	×××	×××	×××	×××
회계정책변경누적효과 전기오류수정	(×××) (×××)	(×××) (×××)	(×××) (×××)	(×××) (×××)	(×××) (×××)	(×××) (×××)	(×××) (×××)	(×××) (×××)	(×××) (×××)	(×××) (×××)	(×××) (×××)	(×××) (×××)
수정후 순자산	×××	×××	×××	×××	×××	×××	×××	×××	×××	×××	×××	×××
기본순자산증감	×××		(×××)		×××		(×××)		×××		(×××)	
당기운영이익(손실)			×××				×××				×××	
매도가능증권평가이익				×××				×××				×××
유형자산재평가이익				×××				×××				×××
적립금 전입		×××	(×××)			×××	(×××)			×××	(×××)	
……	×××	×××	×××	×××	×××	×××	×××	×××	×××	×××	×××	×××
당기말	×××	×××	×××	×××	×××	×××	×××	×××	×××	×××	×××	×××

*2 사업비용의 기능별 구분과 성격별 구분에 관한 정보를 아래와 같이 주석으로 기재한다.

[주석기재 예시]

주석 YY. 사업비용의 성격별 구분

운영성과표에는 사업비용이 기능별로 구분되어 표시되어 있습니다. 이를 다시 성격별로 구분한 내용은 다음과 같습니다.

	분배비용	인력비용	시설비용	기타비용	합계
공익목적사업비용	xxx	xxx	xxx	xxx	xxx
사업수행비용	xxx	xxx	xxx	xxx	xxx
일반관리비용	-	xxx	xxx	xxx	xxx
모금비용	-	xxx	xxx	xxx	xxx
기타사업비용	-	xxx	xxx	xxx	xxx
합 계	-	xxx	xxx	xxx	xxx

* 분배비용이 없는 공익법인은 해당 계정을 삭제할 수 있다.

또는 공익법인이 선택에 따라 위 정보를 운영성과표 본문에 다음과 같이 직접 표시할 수도 있다.

Ⅰ. 공익목적사업비용	(xxx)
1. 사업수행비용	(xxx)
분배비용	(xxx)
인력비용	(xxx)
시설비용	(xxx)
기타비용	(xxx)
2. 일반관리비용	(xxx)
인력비용	(xxx)
시설비용	(xxx)
기타비용	(xxx)
3. 모금비용	(xxx)
인력비용	(xxx)
시설비용	(xxx)
기타비용	(xxx)
Ⅱ. 기타사업비용	(xxx)
인력비용	(xxx)
시설비용	(xxx)
기타비용	(xxx)

[*3] 공익법인회계기준 제27조 제6항에 따라 기타사업비용을 더 상세하게 구분한 정보를 주석으로 기재할 수 있다. 예를 들어, 기타사업비용을 매출원가와 판매관리비로 구분하여 주석으로 기재할 수 있다.
[*4] 유형자산재평가손실은 사업외비용으로 표시한다.

중소기업회계기준

발행일 : 2025년 9월
저　자 : 손상익 (e-mail: ctasohn@naver.com)
감　수 : 이래현, 김현수
발행인 : 구 재 이
발행처 : 한국세무사회
주　소 : 서울시 서초구 명달로 105(서초동)
등　록 : 1991.11.20. 제21-286호
TEL. 02-597-2941　　FAX. 0508-118-1857
ISBN 979-11-5520-207-4　부가기호 93320

저 자 와
협의하에
인지생략

〈이 책의 내용을 한국세무사회의 허락없이 무단복제 출판하는 것을 금합니다.〉

본서는 항상 그 완전성이 보장되는 것은 아니기 때문에 실제 적용할 경우에는 충분히 검토하시고 저자 또는 전문가와 상의하시기 바랍니다.

정가 9,000원